AF276487

Vida de
santo Tomás
de Aquino

Juan José Llamedo González

Vida de
santo Tomás
de Aquino

SAN PABLO

Juan José Llamedo González (Lieres, 1964), presbítero de la diócesis de Valencia, es doctor en Teología. Fue ordenado sacerdote en Valencia en 1993. Ha ejercido como docente de Teología en diferentes centros. Actualmente es profesor de la Universidad Católica de Valencia y párroco de Nuestra Señora de la Esperanza de la ciudad del Turia. Ha publicado numerosos artículos y, además, libros de teología y pastoral. Es estudioso de las doctoras de la Iglesia y le interesa la formación teológico-pastoral del laicado cristiano, la renovación de los procesos de la iniciación cristiana y la catequesis. En San Pablo ha publicado *Teología de Teresa de Jesús, doctora de la Iglesia* (2018) y *La verdad de santo Tomás de Aquino* (2024).

© SAN PABLO 2024 (Protasio Gómez, 11-15. 28027 Madrid)
  Tel. 917 425 113
  secretaria.edit@sanpablo.es - www.sanpablo.es
© Juan José Llamedo González, 2024

Distribución: SAN PABLO. División Comercial
Resina, 1. 28021 Madrid
Tel. 917 987 375
E-mail: ventas@sanpablo.es
ISBN: 978-84-285-7092-3
Depósito legal: M. 4.881-2024
Impreso en Artes Gráficas Gar.Vi. 28970 Humanes (Madrid)
Printed in Spain. Impreso en España

Introducción

Es imposible entender la cultura occidental sin la aportación de personas como Agustín de Hipona o Tomás de Aquino. Claro que hay otros nombres para reseñar. Sería interminable la lista. Pero estos dos aglutinan el pensamiento y la espiritualidad humanos y los relanzan siempre a nuevos horizontes.

No es fácil. En menos de 50 años, sin ordenadores, sin otro medio de transporte que sus propias piernas, y algunos mulos en ocasiones, Tomás de Aquino hizo de todo y no conoció el descanso. Enseñó en Colonia, París, Roma, Viterbo, Nápoles... Más de cien obras escritas, algunas le llevaron varios años completarlas. Además de la predicación itinerante y la cura de almas. Eso sí, pidiendo limosna con frecuencia para ganarse el pan, como buen fraile mendicante que era.

Para muchos Tomás de Aquino es inaccesible porque lo ven como un erudito filósofo, que lo es. Otros, como un agudo teólogo, que también lo es.

Algunos otros, piensan que no tienen nada que aprender de él porque desconfían de la llamada escuela tomista que, ciertamente, se apoyó en él, si bien lo redujo a un sistema o método de pensamiento sin tener en cuenta al propio Tomás, convirtiendo un pensamiento ágil, realista, dialógico y dinámico en algo estático y cerrado. La mayoría solo sabe su nombre y poco más... como de oídas.

¿Alguien sabe que los derechos humanos tienen su raíz en el pensamiento de santo Tomás de Aquino? ¿Alguien sabe que la metafísica y la lógica tomasianas siguen siendo de actualidad y en muchos aspectos no han sido superadas? ¿Alguien sabe que para Tomás de Aquino la oposición ilustrada e ideológica entre fe y razón es un error, lo mismo que el pedante maniqueísmo que atormenta la cultura y la verdadera vida cristiana?

Conocer a la persona de Tomás de Aquino es importante para superar prejuicios y no tener miedo a tomarlo como compañero de camino. En su tiempo los jóvenes se lo rifaban y él, jamás de los jamases, se negó a atender a nadie y, desde luego, jamás dejó de esforzarse en prestarle su ayuda para que creciera como persona en libertad, por el uso verdadero de sus facultades humanas. A nadie le negó su compañía sacerdotal y menos aún cuando flaqueaba la fe o la esperanza. Le gustaba vivir en la verdad y procurarla.

Estamos en un triple evento, en tres años consecutivos: 700 años de su canonización; 750 de su muerte; 800 de su nacimiento. ¿No vale la pena conocer, pues, a Tomás de Aquino? Esta es una breve y rápida aproximación.

En este librito ofrecemos una semblanza de su persona y su personalidad. Transmitimos algunas palabras suyas que pueden encontrarse fácilmente en sus obras, especialmente en las más conocidas: la *Suma contra gentiles* y la *Suma Teológica*. Sin embargo, este no es un libro de estudio del pensamiento de Tomás o de sus propuestas filosóficas o teológicas. Para evitar esa confusión hemos obviado las notas, para que el lector se centre en la persona y, al conocerla en su contexto, entienda que su magisterio es fruto de su vida y del desarrollo eficiente y fiel de lo que siempre entendió que era su vocación como hombre, como cristiano y como sacerdote.

Infancia y juventud (1225-1239)

Roccasecca

La familia Aquino-Chieti fue una de las sagas familiares más nobles y potentes de Italia en la Baja Edad Media. Landolfo de Aquino es descendiente de los condes de Aquino, que, a su vez, son de ascendencia germánica y lombarda. No es conde de Aquino, el conde era uno de sus hermanos. Pero manda más que el conde. Goza de una gran autoridad dada por Federico II Barbarroja, el emperador del Sacro Imperio Romano Germánico, heredado de Carlomagno, y también rey de Sicilia. Hemos de decir que el reino de Sicilia abarcaba el sur de Italia, no solo la isla de Sicilia propiamente dicha. Roccasecca está en el ámbito de la región de Nápoles, y Landolfo de Aquino tiene el rango de gobernador de la llamada «Tierra de Trabajo». Teodora de Chieti desciende de los nobles del reino del sur, pero, curiosamente, su origen es normando. Mujer de grandes cualidades y fuerte carácter.

Precisamente, en Roccasecca, nace Tomás de Aquino. Algunos afirman que fue a finales de 1224. Pero otros, los más fiables, aseguran que vino a este mundo a principios de 1225, como mucho en el mes de marzo.

Aquel fue un hogar con doce hijos: Aimón, Jacobo, Landolfo, Reinaldo, Felipe, Adenolfo, Marotta, Teodora, María y Adelasia. No, no faltan dos. Hay que contar a Tomás, por supuesto, y a una niña, cuyo nombre la historia no ha guardado, pues falleció siendo un bebé a causa de una terrible tormenta desatada una noche, víctima de un rayo que se coló en la habitación donde ella y su aún muy pequeño hermano, Tomás, dormían. Tomás se salvó de milagro, pero le quedó una secuela que tardaría en superar: el temor a las tormentas. Tomás era el menor de los hijos varones, que ya estaban creciditos cuando él vino al mundo.

Espiritualmente todo el territorio estaba influenciado por la gran Abadía de Montecasino, casa madre de la Orden benedictina. Allí escribió, a principios del siglo VI, más o menos en el año 516, su famosa *Regla* el gran san Benito de Nursia, padre del monacato occidental y una de las figuras más importantes en la construcción de la Europa post-romana. Allí murió y allí estaba su sepulcro aún en el siglo XIII.

Los señores de Aquino son buenos padres. Cristianos convencidos y piadosos. Quieren dar a sus hijos las tres cosas que les corresponden por la naturaleza del matrimonio: el ser, el alimento y la instrucción. Era costumbre procurar darles un futuro insigne, especialmente si la familia era de abolengo. Así Aimón, el primogénito, Landolfo, Reinaldo, Felipe y Adenolfo están al servicio del emperador, bien en puestos claves del ejército o bien en puestos administrativos importantes. Felipe, por ejemplo, pronto llegará a ser el Justicia de Capua. Jacobo, por su parte, no quiso enrolarse ni en el ejército ni en política. Fue canónigo de la colegiata de San Pedro de Canneto e incluso hubo un intento de promocionarlo para abad, pero la jugada salió mal y casi tienen un conflicto con el papa Honorio III. Las familias nobles suelen buscar el mejor de los acomodos para sus hijos, como queda dicho, pero, a veces, obran con buen criterio y otras fuerzan situaciones. También ocurre que no siempre los hijos responden a las expectativas de los padres y eso genera conflictos. Pero los Aquino eran una familia bien cohesionada.

La primera infancia de Tomás fue plácida y al calor del hogar. Ya de niño desarrolló una especial sensibilidad religiosa. De modo particular, la figura de María, la madre de Jesús, le llamaba la atención y el rezo del Avemaría le resultaba especialmente atractivo. Cuentan que en cierta ocasión encontró un papelito donde estaba escrito AVE MARÍA. Por mucho que intentaban quitárselo, el niño oponía resistencia. Dicen que lo conservó durante muchos años, hasta su adolescencia por lo menos. Esto no significa que tuviera una insana o excéntrica devoción mariana, sino que su despertar religioso se produjo a raíz de conocer, si bien de modo infantil (como niño que era), el misterio de la encarnación que, por otra parte, será uno de los rasgos de su espiritualidad y su pensamiento.

Montecasino

Desde su fundación, la Orden benedictina aceptaba en sus monasterios a niños y jóvenes que las familias les confiaban para su educación. No había los colegios modernos, ni aún se habían inventado las universidades cuando se inició esa costumbre. Para muchos, los monasterios fueron su escuela, su hogar y su catapulta de futuro, no necesariamente monástico.

En Montecasino está de abad Dom Landolfo Sinibaldi dei Fieschi, pariente de los Aquino. No es difícil comprender que soñaran con un futuro digno de su alcurnia para el menor de sus vástagos varones. Era habitual que las familias nobles desearan que sus hijos menores pudieran ser promovidos a cargos eclesiásticos importantes, ya que según los usos sociales no heredaban bienes patrimoniales, al menos se les buscaba un puesto social relevante. Muchas veces ocurría que a edad temprana eran confiados a los monjes.

Landolfo y Teodora eran muy conscientes de que la naturaleza del matrimonio no pretende solamente la generación de la prole, sino también conducirla y promocionarla hasta el estado perfecto del hombre en cuanto hombre, que es el estado de virtud. Así, los Aquino calcularon que el niño Tomás entrara como oblato en el afamado cenobio y, dada su alcurnia, era previsible que alcanzara el rango de abad. Ser abad de Montecasino significaba ser el cabeza de la Orden benedictina y, a la vez, dirigir uno de los mayores centros de cultura y de influencia socio-política del momento y con repercusión internacional. Cuando antes se pusieran los cimientos, mejor.

Así, en el año 1230, contaba Tomás 5 años de edad, Landolfo de Aquino, junto a su esposa, emiten el voto de oblación en nombre de su hijo delante del altar mayor de la bellísima iglesia de Montecasino. Se trataba de un voto subrogado.

Dice la *Regla de san Benito*: «Si algún noble ofrece su hijo a Dios en el monasterio, y el niño es de poca edad, hagan los padres la petición y ofrézcanlo envolviendo la misma petición y la mano del niño con el mantel del altar. En cuanto a sus bienes, prometan bajo juramento en la mencionada petición que nunca le han de dar cosa alguna, ni le han de procurar ocasión de poseer, ni por sí mismos, ni por tercera persona, ni de cualquier otro modo. Pero si no quieren hacer esto, y quieren dar una limosna al monasterio en agradecimiento, hagan donación de las cosas que quieren dar al monasterio y, si quieren, resérvense el usufructo».

El niño llevaría una vida monástica acorde a su edad. Un monje en pequeño. Llegado a la adolescencia, él mismo podría renunciar a continuar, sin que el voto le obligara. A la edad de 19 o 20 años podría desligarse por completo del monasterio o, si así lo desea, continuar adelante como monje con todos los derechos y deberes.

Hecho el voto, don Landolfo de Aquino concede una limosna al monasterio. Entregó treinta libras de oro. No fue fácil aquel desprenderse del hogar. Pero no fue un cambio traumático. Lo normal entonces. La belleza del lugar y la grandiosidad del edificio cautivan. Música, latín, escritura, sabiduría, espiritualidad... Otros niños de su edad, hijos como él de familias muy nobles, juegan a esconderse entre las columnas de los claustros o se entretienen tirando piedras al gran estanque. O cazando lagartijas que se escurren con agilidad.

Son ajenos a la permanente amenaza que pesa sobre aquella religiosa casa. Federico II, nieto de Federico I Barbarroja, es un hombre culto pero duro en lo que a sus derechos y su autoridad política se refiere. Montecasino es un permanente desafío porque, si bien debiera estar bajo su jurisdicción, goza de autonomía específica por ser abadía territorial y estar bajo la protección del Papa. Sabe bien que el romano pontífice juega un papel de primera magnitud, como árbitro entre los reinos cristianos. Y, por si fuera poco, el reino de Sicilia es vasallo del Papa. El emperador desea emanciparse de esa presión y aprieta, una y otra vez, a los partidarios de los territorios pontificios que se rigen por un régimen de libertad y autonomía. El emperador quiere pleno poder e imponer un régimen autoritario. Montecasino sufre acosos constantes.

Muchas veces el monasterio se veía sin recursos para mantener a todos sus habitantes y seguir adelante con su obra religiosa y cultural. En una de las visitas a su hijo, Landolfo de Aquino, para paliar la situación complicada de las finanzas y suministros del monasterio, dona dos molinos cerca del puente de Linulo. Dom Landolfo Sinibaldi, el abad, recibió con alivio aquel regalo providencial.

Poco a poco, Tomás va dando muestras de su talento. Aprende a razonar y a alejar los temores. Es avispado e inteligente. Tiene una memoria prodigiosa. La *Regla de san Benito*, escuchada en el refectorio o en las lecciones de sus maestros, le ayuda. Crece en él el deseo de seguir a Jesucristo con total entrega de sí. Las palabras de la *Regla de san Benito* son sabias: «Ciñámonos, pues, nuestra cintura con la fe y la práctica de las buenas obras y sigamos sus caminos guiados por el Evangelio para merecer ver en su Reino a Aquel que nos llamó».

Los dos lugares principales de la abadía son la iglesia y la biblioteca. La primera era de una gran belleza, donde la armonía de la vida monástica contribuía a realzar la propia del edificio. La liturgia solemne, el incienso, el canto, el silencio, todo orientado a la obra de Dios: la alabanza divina. Un anticipo del Reino eterno. La segunda era una recopilación de la sabiduría humana que apunta y se deja seducir por la sabiduría de Dios. Oración y estudio, estudio y oración. ¡Qué grandes aliados para la búsqueda, la contemplación y el servicio eclesial!

La placidez y el ambiente de la vida monástica forjaron un alma reflexiva, tranquila, moderada, serena y vivaracha a la vez. Fue un niño que, lentamente, se hizo joven. Crecía en estatura y en bondad. También crecía a lo ancho, no por gordo, sino de manera proporcional a una genética agradecida. No es comilón, más bien parco y sobrio. Aún no se percibían sus grandes dones. Pero sí se iban despertando interrogantes propios de alguien que busca con sincero corazón. Que no se acomoda a los protocolos vigentes. Vive y crece en libertad de espíritu. Busca, desde que empieza a comprender las cosas, el bien y la verdad. Aquella pregunta resuena muy pronto en su alma y en sus labios:

—Decidme, ¿qué es Dios?

En Montecasino, Tomás estudia gramática, música, latín, moral, religión... las disciplinas básicas y típicas para la época. Su inteligencia es prodigiosa, al igual que su sensibilidad. Retiene sin dificultad los salmos, las lecturas bíblicas o cualquiera de las lecciones de sus maestros. Razona y argumenta con solidez.

Poco a poco, discierne que su camino es el seguimiento de Jesucristo. Sabe que sus padres lo entregaron al monasterio para que fuera monje. Sabe que una vez que cumpla los 14 años podrá empezar a tomar sus propias decisiones.

El abad, Landolfo, su tío, fallece el 28 de julio de 1236. Llevaba al frente de la abadía desde diciembre de 1227. Es elegido sucesor el monje Pantulfo. No cambiaron en nada ni la vida ni las expectativas sobre Tomás.

Felipe de Aquino, Justicia de Capua, viene con frecuencia al monasterio y trata de ayudar a los monjes frente a la hostilidad que les demuestra Federico II. El abad se teme lo peor. Dom Pantulfo fue llamado por Dios muy pronto. Esteban de Corvario es su sucesor.

Las disputas bélicas, las ofensas a la Iglesia y la tozudez de carácter trajeron la excomunión sobre Federico II. Según los tratados, el príncipe excomulgado por la autoridad eclesiástica perdía la confianza de sus súbditos y era declarado depuesto. Gregorio IX fue implacable. Así pues, el trono quedaba virtualmente vacante. Pero los príncipes electores no secundan los efectos de la excomunión y no eligen otro emperador. Muchos territorios bajo su dominio se declaran en rebeldía contra él, por efecto de la sanción canónica. Pero Federico se hace fuerte y se aferra al poder.

El peligro se cernió sobre Montecasino. En marzo de 1239, el emperador irrumpe violentamente en el cenobio. El abad protesta. Federico II

Barbarroja se impone y sanciona con un duro castigo: se incauta del monasterio y ordena que sea evacuado de inmediato. Varios monjes se declararon en rebeldía. El emperador se enfureció. Los monjes disidentes fueron ejecutados, la abadía fue parcialmente incendiada y sus moradores dispersados literalmente con lo puesto.

A pesar de todo, el abad Esteban logró negociar que un reducido grupo de monjes conocidos del emperador se quedara para custodiar el patrimonio bibliográfico. Federico II, que es brutal, pero aprecia la riqueza cultural que acumula el cenobio, accede. Al menos es una persona sensible en ese aspecto.

El abad tiene la intención de reconstruir la comunidad en cuanto las circunstancias sean favorables. Pero, ¿qué hacer con los oblatos? Los más niños y la mayoría de los jóvenes regresaron con sus familias. Pero algunos, como Tomás de Aquino, permanecieron bajo la *Regla de san Benito* y fueron enviados a Nápoles. El abad Esteban anhela recuperar cuanto antes el dominio del monasterio y recomponer la comunidad, solicitando para ello la protección y las instrucciones del Papa.

Estudiante en Nápoles
(1239-1244)

Tomás ya tenía 14 años. Había pegado un estirón espectacular. Es un mozo alto, atractivo, de porte elegante y, a la vez, de carácter humilde y reservado. Permanece con el hábito de oblato benedictino. El priorato de San Demetrio, dependiente de Montecasino, se halla próximo a la Universidad partenopea. Allí residirá el joven noble. La familia Aquino anhela que las expectativas sobre su hijo no se desvanezcan.

En el siglo XII empezaron a aparecer las primeras instituciones universitarias por iniciativa de los obispos y monasterios, preocupados por el conocimiento y la formación no solo de los clérigos. A la vista del Vesubio, a veces humeante, Federico II Hohenstaufen fundó en 1224 la primera Universidad plenamente secular. Estaba convencido de que la cultura genera riqueza y nobleza. Soñaba que Nápoles superara a Bolonia como centro universitario, cosa harto dificultosa. Pronto logró un elenco de buenos profesores y muchos alumnos hijos de la nobleza. Era una Universidad orientada a la formación de funcionarios para el Imperio. No tenía una línea definida sólida ni ofrecía una síntesis en los saberes como París, Bolonia, Oxford o Montpellier, por ejemplo. Pero es un buen lugar para que el joven de Aquino acabe el *trivium* y el *quadrivium,* lo que hoy llamamos el bachillerato, y tener la posibilidad de acceder a estudios más altos.

Tomás busca en su interior respuesta a una intensa pregunta. Ya se la planteaba en Montecasino, pero ahora adquiere nuevo matiz. Quiere conocer de verdad y quiere conocer la Verdad. La pregunta se hace más intensa en su mente y en su alma: ¿Qué es Dios?

El maestro Pedro de Hibernia y el resto de los profesores advierten que Tomás ha de ser iniciado en las disciplinas de más alto prestigio y rango universitario. La Universidad de Nápoles estaba pensada más para formación de funcionarios que para otra cosa. Sin embargo, tiene facultad de Artes, donde se estudia Filosofía y Teología. Pero antes, hay que terminar los estudios preliminares.

En Nápoles aprende y mucho. Comprende que un conocimiento es una relación que se establece entre dos o más cosas. Aprende que el primer elemento es la intención. Si la intención es firme, la demanda de significado estimula la inteligencia para hacer las asociaciones necesarias y retener lo que se aprende a través de los sentidos. Empieza a pensar que la razón humana puede llegar, sin la revelación, a Dios como causa «in-finita». Lo infinito no es lo que no acaba, sino lo que acoge e interioriza las partes desde un todo lleno de significado. Ese todo es la verdad. Y comienza a pensar que hay en el hombre una inclinación al bien según la naturaleza racional, que es la suya propia, como la natural inclinación que tiene el hombre a conocer la verdad acerca de Dios y a vivir en sociedad.

No todo es estudiar. Desea seguir a Jesucristo. Tomás no busca solo en las enseñanzas de los maestros. Busca, sobre todo, en la intimidad de sí mismo al Dios Vivo que, lo sabe, habita en su alma. Lo busca en la escucha atenta de su Palabra. Lo encuentra en el amor hacia el Verbo de Dios que se ha hecho carne por nuestra salvación. Lo percibe en el don del Espíritu Santo. A través de la oración litúrgica, de la *lectio divina* y de la oración en soledad se identifica más y más con Dios. No es una búsqueda intelectual, si bien el estudio se convierte para él en una fuente fecunda de espiritualidad. Es la búsqueda orante de aquel que abre los ojos para contemplar el misterio luminoso de Aquel que se le muestra vivo y operante.

La vida benedictina no le disgusta, pero no se siente muy feliz al pensar que lo tienen programado para que llegue a ser abad. Por muy honorable que fuera la vida monástica, percibía que lo suyo era otra cosa. Pero no sabía qué.

Al lado mismo de la Universidad hay una humilde casa. En ella vive una comunidad religiosa nueva dedicada a la predicación. Le contaron que se habían instalado en Nápoles en el año 1231. Se les llama hermanos de la Orden de Predicadores. A veces había visto a alguno de aquellos religiosos por Montecasino, si bien nunca había tratado con ninguno. Le gusta escuchar predicar a un anciano religioso de aquella comunidad llamado Juan de San Julián. El religioso se convierte en su confesor y amigo.

Fray Juan contesta a las preguntas del Aquinate. Y le explica cómo Domingo de Guzmán, canónigo de la catedral de Osma, allá en Castilla, se conmovía hasta el sollozo preguntándose qué sería de los pobres pecadores. Cómo estuvo atento a las necesidades de la Iglesia y se dio cuenta de que era urgente recuperar la vida apostólica. Cómo se implicó en el gran proyecto de Inocencio III, el fomento de la fe y de la paz. Y cómo deseaba ir a tierra de paganos para, si era necesario, dar la vida por Jesucristo. Reunió una comunión de monjas, sacerdotes, seglares y religiosos que, con el tiempo, constituirían la Orden de Predicadores. Esta tenía en la Predicación su misión y en el estudio y la oración su modo de contemplación. Cómo, así, Domingo de Guzmán se esforzó en dotar a la Iglesia de un instrumento eficaz que no dejara de predicar la verdad. Cómo optó por un estilo de vida desprendido. Fue pobre en extremo y mendigaba el pan, libre para llevar la Verdad de Jesucristo donde fuera necesario.

Tomás comprende que hay una llamada de Dios intensa para él. Tomás quiere saber más. Quiere vivir más. Quiere contemplar y conocer más. Anhela escuchar y reconocer la voz de Jesús. Y desea ardientemente llevar a todos los demás el fruto de la contemplación. El anciano predicador no puede ocultar que le suscitaba afecto y un deseo enorme de prestarle la mejor ayuda posible.

Cuenta ya 17 años y puede empezar a tomar sus propias decisiones. Sin embargo, prefiere que las cosas transcurran sin ira y en paz. Aguardaría a que su padre le indicara que no había oposición por parte de la familia. Eso es lo razonable.

El año siguiente transcurrió sin grandes novedades... las noticias esperadas no surgían. El otoño se hizo largo. Recién comenzado el invierno, llegaron nuevas. El señor de Roccasecca se puso gravemente enfermo. La dulce Navidad resultó amarga. El 24 de diciembre de ese año, 1243, el Señor llamó a su presencia a Landolfo de Aquino. Tomás oró por su eterno descanso y entendió que llegaba el momento de tomar su decisión sin mediaciones y sin dilación.

Heroísmo en la noche oscura (1244-1245)

Se acordó que, en el primer trimestre, en marzo de 1244, iniciaría el noviciado en el convento de Santo Domingo de Nápoles. Ya tiene 19 años. Toda su vida es para Dios.

Aquellos primeros días, recién iniciado el noviciado, son muy felices. Instrucción religiosa, estudio de la *Regla de san Agustín* y de las *Constituciones* de los Hermanos Predicadores, conocimiento de la vida y milagros del fundador... El maestro de novicios insiste en transmitirles una consigna: esforzarse en llenar la vida de la Gracia para derramarla, adquiriendo el vuelo de la contemplación y el celo de la salvación de las almas.

La vida regular en el noviciado es un auténtico regalo de Dios. Están en el tiempo, además, en que la Iglesia se prepara para la Pascua. Maitines a medianoche, laudes al alba, Misa, horas menores (prima, sexta, nona), vísperas al atardecer, completas... Las colaciones en el refectorio. Los ratos de recreación, momentos en que los hermanos departen familiarmente. Los ayunos penitenciales. La mendicancia para ganarse el pan. El estudio de la Sagrada Escritura, de los santos Padres y de los grandes maestros espirituales... Aprende que el predicador, para ser fecundo, debe velar de día y de noche meditando la ley del Señor. Debe beber copiosamente de las aguas fecundas de las Sagradas Escrituras. Así, tomando de las fuentes del Salvador, podrá verter sus aguas eficazmente en el corazón de los hombres.

Fray Tomás de Aquino ora, ora, ora... y aprende a convertir el estudio en contemplación. La contemplación en sabiduría. La sabiduría en don de sí. En el noviciado adquiere la costumbre de permanecer en el oratorio antes de maitines, hablando con el Señor. El misterio de la encarnación le fascina.

Una plegaria constante hay en su alma: «Permíteme, oh Señora y Madre del Redentor, aprender a amar como solo Dios ama, en la escuela de la caridad que es el fruto bendito de tu vientre, tu Hijo Jesucristo».

Poco duró la paz.

Doña Teodora, madre de Tomás, supo que su hijo había abandonado San Demetrio para ingresar en la nueva y nada próspera Orden de Predicadores. Le pareció una afrenta imperdonable. Planea presentarse en Nápoles para reclamar que su hijo vuelva al hábito benedictino. El papa Honorio III había otorgado a santo Domingo una bula por la cual impedía a los frailes predicadores abandonar su Orden, a no ser que fuera para ingresar en otra más austera. Tomás, una vez profesara como predicador, no podría volver a la vida benedictina. Su familia lo sabe. Tienen una pésima opinión sobre los mendicantes. Deciden actuar pronto y rápido.

Cierto temor e inquietud se apodera de la pequeña comunidad de Santo Domingo. El prior de Nápoles consulta con el superior general. Juan de Wildeshausen, apodado el Teutónico, resuelve que se traslade a Tomás y a los otros novicios al convento de Santa Sabina de Roma para continuar allí su formación inicial. Se acordó que la maniobra fuera discreta.

Varios días después, fray Juan el Teutónico comunica su decisión de llevar consigo a Tomás. Tenía proyectado dirigirse a París después del Capítulo general que a finales de mayo iba a celebrarse en Bolonia. Y cree conveniente que Tomás se forme en la Universidad del Sena. Adivinaba en él un don particular.

Cuando Teodora llega a Nápoles, se toma aquella estratagema como una burla. Envía mensajes a sus retoños para que actúen.

Juan el Teutónico sale hacia Bolonia. A pie y sin dinero, rodean el lago de Bolsena. De algún modo, Reinaldo, el hermano de Tomás, poeta de vocación y caballero de la corte de Federico II, se entera. Implica a sus hermanos Aimón y Landolfo, más un caballero llamado Pedro de la Viña y otros hombres de armas.

Están en el entorno de Acquapendente, próximos al límite entre el Lacio, la Toscana y la Umbría. Los religiosos descansaban plácidamente, antes de encaramar la sierra. Los acechan. En un instante se abalanzan sobre ellos con violencia. Se forma un tumulto. Logran separar a Tomás del pequeño grupo. El novicio bien pudo utilizar su corpulencia y lozanía para zafarse, pero temió por sus compañeros. Juan el Teutónico protesta enérgicamente. Ningún caso más que empujones, insultos y golpes. El Maestro de la Orden estima que es inútil y perjudicial para todos mantener la tensión y avisa: «Iremos a ver al Papa. Inocencio IV se encuentra aquí cerca, en Orvieto. Solicitaremos amparo».

Mientras los religiosos se alejan magullados e impotentes, Aimón, Reinaldo y Landolfo intentan arrancarle el hábito de santo Domingo a su hermano. Esta vez, Tomás reacciona con fuerza y logra que no se lo arrebaten, si bien queda hecho harapos. Le obligan a subir a un caballo. Desaparecen rápidamente tras el horizonte, hacia el sur. La primera parada fue el majestuoso castillo de Monte San Giovanni, propiedad de los Aquino. El tiempo suficiente para comunicar a doña Teodora que el rebelde ha sido capturado.

El Santo Padre recibió con disgusto la noticia de la violencia ejercida contra los predicadores y lamentó el secuestro del novicio Tomás. Prometió a fray Juan de Wildeshausen protestar ante el emperador. El lugar donde ocurrieron los hechos es dominio del Papa. Aquello revestía también visos de un conflicto diplomático. Uno más entre Federico II e Inocencio IV. Los hermanos Aquino no habían tenido en cuenta ese pequeño detalle.

Penoso y triste, aparte de incómodo, fue el trayecto hacia Roccasecca. Nadie habla. Por única melodía la sinfonía desacompasada del trote de los caballos, avanzando por aquella vieja y polvorienta calzada romana. Duele ese silencio. No hay la más mínima empatía fraterna. Hay un consejo de la *Regla de san Benito* que resulta muy útil en estos momentos. Tomás, que lo tiene memorizado, decide aplicárselo: «Mantenerse en la humildad, sin prodigarse en palabras y con actitud serena, evitando herir a los que acosan».

Quiere buscar la reconciliación y la paz. Piensa Tomás que, aunque es una reacción natural, la ira debe ser moderada por la mansedumbre y así permanecerá más dueño de sí.

Teodora y sus hijos insisten en argumentar con el prestigio familiar y la honra. Las hijas con que mirara lo mejor para él y evitara aquella afrenta. No solamente son argumentos nobiliarios, razonamientos de conveniencia, sino también duros reproches y vejaciones. Tomás se mantiene seguro y dueño de sí, a pesar de la lluvia de injurias.

La resolución de su hermano provoca más enfado en los Aquino. Deciden recluirlo hasta resquebrajar su voluntad. Repartirán el cautiverio entre el torreón de Monte San Giovanni y la redonda e inhóspita torre exenta del castillo de Roccasecca. Ambos lugares garantizan el máximo aislamiento y la vigilancia. Recapacitará. Sucumbirá.

Los hermanos varones, por un lado, intentarán estrategias militares y soldadescas para sitiar la voluntad de Tomás: dureza de trato, carencia de alimentos, poca agua, soledad extrema, máxima escolta... Las hermanas, por otro lado, probarán tácticas de asalto con el ariete del afecto y la dulzura. Doña Teodora opta por excavar un foso de frialdad.

La luminosidad del cielo mediterráneo muestra con todo su dolor la noche oscura. Grande fue el sufrimiento. El joven novicio opta por construir un castillo interior, adentrándose hasta llegar allá donde solo Dios nos toca con su dedo. La soledad de la torre le permite descubrir un lugar secreto, inexpugnable, al que nadie puede acceder: el hondón del alma. Tomás y Dios, frente a frente.

Descubre en sí que la naturaleza, la realidad, tiene un principio de dinamismo, de movimiento, no en el sentido de desplazamiento de un lugar a otro, pero movimiento, al fin y al cabo. Es un ir de la potencia al acto. Es el devenir de un ser que se desarrolla y pone en obra sus capacidades latentes. Es agente de su propio camino, movido por otro más grande que él. Piensa en ello.

La palabra «naturaleza» viene de una expresión latina que significa «lo que ha de nacer». La naturaleza es principio de movimiento en el ser que la posee por sí mismo, no por accidente. Las disposiciones, las inclinaciones, los instintos, los apetitos... forman parte de la persona. «Soy una persona. No un mero cuerpo animado, sino imagen y semejanza de Dios. Soy uno, pero no solo».

Contempla desde la ventana ojival geminada de la torre, su único solaz, un horizonte incierto. ¡Qué razón tiene san Pablo! «Nuestro hombre viejo ha sido crucificado con Cristo». El Señor será, más que nunca y desde ahora, su interlocutor.

Frente a sí mismo, teniendo como compañera la soledad, forja el deseo de construir su vida desde el seguimiento de Jesucristo, sin ceder a las presiones, a las amenazas, a los avatares. Quiere ser libre para edificar su vida por encima de las pasiones y los apasionamientos irracionales. La fe aporta luz y firmeza a la razón. La razón forja la relación con Jesucristo verificada en el día a día de una amistad que se afianza y perfecciona en cada jornada. No es construir sobre fantasías, sino sobre certezas y realidades.

—La virtud perfecta no suprime las pasiones ni los sentimientos, sino que los ordena. Es propio de mi naturaleza razonable tender a un fin, como agente autónomo que soy. La peor manera de querer superar esta pasión es a través de la violencia, que engendra sufrimiento y error. He de conducirme por la inteligencia razonable. He de caminar a la luz del Bien y de la Verdad. No puedo sino seguir a Jesucristo.

Una noche el fuego de la chimenea crepita. Ya se había ido el verano. Se abre repentinamente la puerta. Una joven fue introducida a empujones en la alcoba. Un joven mediterráneo de 19 años, en la flor de la vida y de sus energías, no es de piedra. Sus ojos tienen ante sí a una mujer bellísima en su desnudo esplendor y atractivo. Su cuerpo se pone tenso. Su alma teme. Comprende la treta de su familia. La muchacha, contratada por sus hermanos, se esmera en sus dotes seductoras. Tomás le pide respeto. Ella insiste, acosadora. Él quiere ser respetuoso pero la naturaleza es terca en sus pulsiones instintivas. La habitual serenidad se vio alterada. Se ve acorralado. ¿Qué hacer? O sucumbir o defenderse.

Corre. Agarra con firmeza un trozo de madera encendido. Se yergue cuan grande es y exige a la chica que termine con aquella farsa. Ella insiste. Él avanza tea en mano. La chica se asusta al ver aquel joven gigante y corpulento decidido a defender hasta con violencia su virginidad. Entre gritos sale de allí. En cuanto se fue, Tomás dibuja con el tizón una cruz en la pared. Tira el ascua encendida al fuego. Su mano está ennegrecida por la presión con la que sujetaba el leño carbonizado. Pero no se quemó. Cae de rodillas, llorando amargamente por la tensión y la angustia. Nunca había experimentado tal carga de violencia sobre sí ni sobre su alma. Mira a la cruz improvisada y ora.

—Sostenme y fortaléceme, Señor, con tu promesa y viviré; que no quede frustrada mi esperanza. Bien amado Jesús. Sé que sin ti nada es posible. Te pido que me defiendas para que me mantenga en la castidad, con pureza de alma y cuerpo. Me ofrezco a ti todos los días de mi vida.

De aquella cruz ennegrecida dibujada en la pared surge una luminosidad desconocida que envuelve al joven novicio. Desde ese día un cíngulo de castidad ciñó y protegió a Tomás, quien, lejos de endurecer su corazón, comprendió lo que era la verdadera caridad, el verdadero amor.

Más tarde alguien que supo de lo ocurrido comentó:

—Querido Tomás. Has resistido al pecado. Podías haberte dejado llevar y tu sufrimiento hubiera sido menor. Luego, te arrepientes, pides perdón y sigues adelante.

Pero, a pesar de la terrible experiencia, o precisamente por ella, el joven es capaz de aprender una lección que transmitirá en su vida y en su predicación.

—El hombre, cuando peca una vez, cree poderse contener después de pecar. Mas sucede todo lo contrario. Porque por el primer pecado se debilita y se hace más propenso al pecado. Y el pecado lo domina más. Por el pecado nuestra naturaleza se debilita y se corrompe. Es como si te tiraras a un pozo.

Aquel secuestro significa para Tomás una prueba total de larga duración. Más de año y medio. Su único apoyo es la cruz dibujada por él mismo en la pared, aquella noche de peligrosa zozobra. Pero Dios, en su providencia, no le defraudó.

El Maestro de la Orden de Predicadores, Juan de Wildeshausen goza de gran prestigio ante Inocencio IV y, a la vez, es amigo personal de Federico II, desde la juventud. Federico no desea un nuevo enfrentamiento con el Papa y entiende perfectamente que la hazaña de los hermanos Aquino no le favorece nada. Pero tarda en reaccionar. El abad de Montecasino se interesa también e intercede por el joven. Doña Teodora sueña con que tarde o temprano su hijo claudique y regrese al ámbito benedictino.

Juan de San Julián visita a Tomás cuando puede. Aprovecha que, a pesar de todo, goza de cierto prestigio personal entre los Aquino. Ellos, aparte de aquella burda maniobra de largo secuestro, no pueden negar a su hijo los auxilios espirituales que necesita. Son temerosos de Dios. Fray Juan hace las veces de maestro de novicios. Proporciona clandestinamente un hábito nuevo a su pupilo. Tanto él, como el abad, le animan a ser fiel y le facilitan libros.

La lectura íntegra de la Biblia le llena de paz. La retiene en su memoria. Le pone en contacto con la Palabra de Dios transmitida durante siglos en la Sagrada Escritura. Las *Sentencias* de Pedro

Lombardo, el gran manual de filosofía y teología de la época, le mantienen despierto. Desarrolla una fe incombustible apoyada en el ejercicio de lo que le es propio como persona humana: el raciocinio. Se fortalece su voluntad y se afina su inteligencia. En el hondón del alma, en la celda del conocimiento de sí mismo, aprende que Dios es y él, Tomás, no es; que todo cuanto es lo ha recibido de Aquel que Es. Esa es la verdad. Dios es la Verdad porque Es de verdad.

La de Tomás es una fe razonada y una razón verificada por la fe. La fe no es ceguera ni credulidad, sino luz y relación vital. Descubre que la comunión con Dios le es connatural. Repara en que, si no se tiene noción de Dios, o esta está distorsionada, no se tiene noción de uno mismo ni de la realidad. El falso conocimiento de Dios aleja de Dios y aleja al hombre de sí mismo. En definitiva, la verdad reside en Dios. Dios es la Verdad. Pero Dios no es un concepto sino el fruto de la experiencia de una relación trascendente y amorosa. Es la experiencia de un amor apremiantemente que, sin imponerse, se da al hombre y a la mujer en forma de Vida verdadera.

Aprende que lo más contrario y desfigurador para la criatura humana es el odio a Dios, lo cual es irracional. Esa es la raíz del pecado, y del mal: la irracionalidad. Tomás habla consigo mismo y, cuando puede, lo comparte con su improvisado maestro de novicios.

—«Dios» es el nombre que se da a Aquel que vela en su providencia por todo cuanto tiene ser. Esta es una experiencia universal. Pero el cristiano se encuentra con Dios frente a frente, cara a cara, pues se hizo carne en su Verbo. Por eso es pensable y se debe pensar en Él. Él mismo regala su Espíritu Santo como un don para gobernarnos no como a siervos, sino como a señores, en un tú a tú que trasciende la razón y la libera de sus límites. La respuesta libre a la acción de Dios permite a la persona humana participar por naturaleza en la naturaleza divina. El encuentro con Jesús es encuentro con Dios y encuentro con el hombre restablecido en su ser imagen de Dios. No hay ningún otro a quien escuchar sino al Verbo encarnado. No hay otra inspiración sino el Espíritu Santo. No hay otro fundamento sino el Padre eterno.

Tomás aprende, por efecto de aquel largo cautiverio, a ser parco en palabras, manso y humilde de corazón. Pero su pensamiento es rico, ágil, audaz, libre, realista, metódico... es un pensamiento no separado de la espiritualidad. En consonancia con el ser y en armonía auténtica con la naturaleza. Tiene los ojos bien abiertos para contemplar la Verdad eterna. Aprende que la Verdad procede del Espíritu Santo y es una y única. Aprende que la Gracia tiene primacía sobre cualquier otra moción y que esta no suple la naturaleza, sino que la supone y la perfecciona. No huye de la realidad ni de sus conflictos, sino que la asume y trata de transformarla desde la adecuación del intelecto a la Verdad revelada. Vive en carne propia la ignorancia de los suyos, que insisten en violentar su voluntad. Considera que la Verdad ha de ser pensada y defendida correctamente. Está convencido de que la vida cristiana ha de volver a su fuente, que es Jesucristo, y ha de verse liberada de los lastres ideológicos y costumbristas. Está convencido de que los tópicos y estereotipos no facilitan la comprensión del misterio ni aprovechan a la predicación.

Fray Juan de San Julián le facilita el *Tratado de las Falacias* de Aristóteles. Es su primer gran contacto directo con el filósofo griego y aprovecha su cautiverio para estudiarlo y escribir un comentario a ese libro, un tratado de Lógica. Quiere aprender a razonar correctamente, en la medida de lo posible, sin error. Quiere vivir en la verdad, no en la falacia. Esa es una de sus más firmes resoluciones.

Se adentra el verano. El cautiverio se hace largo. Llega la noticia de que el 28 de junio se había puesto en marcha un nuevo Concilio ecuménico en Occidente en la ciudad libre de Lyon. Se trató de la persecución que la Iglesia sufría por parte de Federico II, del cisma griego, de la caída de Jerusalén en manos de los sarracenos y de la derrota de los cruzados en Gaza, de la incursión en Europa de los mongoles organizada por el Gran Kan, de la moralidad del clero y del común de los cristianos. El 17 de julio se publican las resoluciones. Entre otras medidas, se depone y excomulga, por segunda vez, a Federico II.

El revuelo en la casa de los Aquino, y en toda la comarca, es tremendo. Sus hermanos están muy confundidos ante la tensión que se ha creado. Algunos desean permanecer fieles al emperador. Reginaldo opta por revelarse contra él. Teodora, la señora de Aquino, se preocupa por el futuro y el prestigio del apellido y de todo el señorío. La vigilancia al secuestrado había disminuido, reduciéndose a algo simbólico. Hay una oportunidad de huida. Sus hermanas, de acuerdo con fray Juan, se implican en la liberación.

En pleno otoño, del año 1245, ayudado por un gran cesto enganchado a unas poleas, escapa por la ventana de su habitáculo. La comunidad del convento de Santo Domingo de Nápoles recibe con inmensa alegría a aquel hermano. Los frailes están impresionados. No cuenta nada de lo vivido. Su rostro es angelical. Su ademán sobrio, emotivo y afectuoso. Su gesto firme y decidido. Su voz sonora y clara. Su actitud humilde, discreta, llena de paz. Su enorme porte está acrecentado por la heroicidad de su fidelidad. Parece ensimismado, como ausente. En realidad, está muy atento a su alrededor. Su aparente hieratismo es la poderosa atalaya desde la que contempla a Dios y observa a la Iglesia y lo que está pasando en el mundo.

El novicio pone las manos en las del prior y emite la profesión religiosa. Alto de estatura, grande de cuerpo. De tez morena y cabellos rubios tirando a oscuros, hay quien lo dice al revés, según como se mire. Su voz clara y sonora, de buen timbre. La nobleza de su alma supera con creces su alcurnia. La grandeza de Tomás es medida no por su porte. La prueba vivida da testimonio de su resolución y de su fe.

Formación en París
(1245-1248)

Fray Juan de Wildeshausen, el Teutónico, tercer sucesor de santo Domingo al frente de la Orden de Predicadores, quiere que los predicadores busquen la sincera observancia, la moderación, el amor al estudio y la defensa de la fe cristiana, sin ceder a las extravagancias o aventuras intelectuales infundadas. Vislumbra las aptitudes de fray Tomás de Aquino. Por eso toma la decisión de llevarlo consigo a París para que complete su formación religiosa y estudie allí Filosofía y Teología.

Observa que aquel joven napolitano es capaz de hilar muchas ideas para crear una argumentación y pensamientos sólidos y bien trabados. La presencia de Hugo de San Caro y de Alberto de Colonia en el Estudio General de París será un aliciente.

Fray Juan de Wildeshausen explicó a Tomás la historia del convento donde iba a residir. Llevaba el nombre del apóstol Santiago. Lo había fundado el propio Domingo de Guzmán al enviar desde Toulouse a siete de sus primeros religiosos en

1217. Una decisión asombrosa que, sin embargo, dio mucho fruto.

Los peregrinos que van hacia Santiago de Compostela se cruzan con mercaderes, estudiantes, profesores, clérigos y campesinos. Nada más atravesar la Puerta de Santiago, aparece la casa que el deán Jean Barastre de San Quintín había dado a los predicadores en 1218. Ahora estaba en plena transformación. El rey de Francia, Luis IX, había mandado construir una iglesia y un convento nuevos. Poco más abajo, la Universidad. Estamos en diciembre de 1245.

Tomás parece absorto, como ausente. Se muestra taciturno y reservado. A la vez es de gestos amables y suave de trato. Su volumen no le permite pasar desapercibido como él quisiera. Sus hermanos de hábito y condiscípulos repiten el mote ya conocido: «el buey mudo de Sicilia».

Cada día, recita una oración compuesta por él mismo en su alma:

—«Creador inefable, que en los tesoros de tu sabiduría has establecido tres jerarquías de Ángeles, y las has colocado sobre el cielo empíreo con orden admirable y has dispuesto admirablemente todas las partes del universo. Tú, pues, que eres considerado verdadera fuente de la luz, y principio eminentísimo de la sabiduría, dígnate infundir un rayo de tu claridad en las tinieblas de mi inteligencia, alejando de mí las dos clases de tinieblas con las que he nacido: la del pecado y la de la ignorancia. Tú, que sueltas las lenguas de los niños, prepara mi lengua e infunde la gracia de tu bendición en mis labios. Concédeme la agudeza para entender, la capacidad para asimilar, el modo y la facilidad para aprender, la sutileza para interpretar y la gracia abundante para hablar. Instruye el comienzo, dirige el desarrollo, completa la conclusión. Tú, que eres verdadero Dios y hombre, y que vives y reinas por los siglos de los siglos. Amén».

El encargado de dirigir el Estudio General, ahora con sede en el convento de Santiago, precisamente, es el maestro Alberto de Colonia. Tal era su fama y prestigio que debía impartir las clases en un lugar público al que ya denominaban plaza del maestro Alberto[1]. Apostó, decididamente, por estudiar y enseñar a Aristóteles y dialogar con Averroes, Avicena o Maimónides sin prejuicios. Entendía que la fe cristiana podía muy bien ser pensada en otras claves distintas de la agustiniana o la neoplatónica. El maestro Alberto es un erudito. Un científico global y completo. Un maestro universal. Un maestro de maestros. Con razón la Iglesia lo reconoce como san Alberto Magno.

Los compañeros comentan lo escuchado en clase, acerca de la *Ética* y la *Metafísica* de Aristóteles. Algunos confunden datos o argumentos. Otros dicen que no entienden nada. Alguno se

---

[1] Hoy día conocida como *Place Maubert*, deformación del nombre original: *Place du Maître Albert*.

quedó con lo básico de la lección del maestro Alberto, pero olvidó parte de las argumentaciones esenciales. Un estudiante que llevaba ya un año en la Universidad pregunta sin mucho ánimo a fray Tomás de Aquino.

Se quedaron boquiabiertos. Tiene toda la lección en su memoria. Argumenta con soltura, explica con eficacia, haciendo su síntesis. Y aún se atreve a aventurar su propia reflexión.

Algún tiempo más tarde, el maestro Alberto explica el libro *De los nombres divinos,* de Pseudo-Dionisio Areopagita. El tema no es fácil. Uno de sus compañeros se siente perdido y pide ayuda. Tomás, que toma nota de todo, con suma paciencia y eficacia le expone el contenido de lo que el Pseudo-Dionisio dice y lo que el maestro Alberto explica. Desde entonces el napolitano hace de profesor particular de su compañero, con el compromiso de que lo guarde en secreto. Poco a poco, todos se van enterando.

Una noche, el maestro Alberto observó un trozo de pergamino caído delante de la habitación de fray Tomás. A pesar de la horrorosa caligrafía, se maravilló de la claridad y precisión de lo escrito. Se llevó el pergamino y lo guardó. Al día siguiente, en el aula, pide a fray Tomás que se prepare para un acto académico público sobre un tema muy difícil, a lo que el estudiante se resiste con humildad. Se le pide que acceda por obediencia. No le queda más remedio que aceptar. Es habitual tener debates públicos, a modo de entrenamiento para los futuros predicadores y, en su caso, maestros.

Llegado el momento, fray Tomás diserta con claridad y competencia. El maestro Alberto deshace los argumentos y arguye tensionando el debate. Ante los planteamientos fuertes del profesor, responde el alumno con profunda sabiduría, con claridad y zanjando los temas. Entonces Alberto, llamado ya por algunos el Grande o Magno, dice:

—¡Esta no es la manera de hablar de un estudiante, sino la forma de un maestro!

—Con todo respeto, maestro Alberto, no veo otra manera de responder.

Dirigiéndose a los presentes, el maestro Alberto sentencia:

—Muchos llamáis a este hermano «el buey mudo». Pues yo os digo que dará tales mugidos que resonará en el mundo entero.

Fray Alberto es un intelectual completo y muy eficaz. Es un fraile predicador en toda regla, dotado de una brillantez que deslumbra en todo París. Mucho más que un sabio. Es el gran promotor de la evolución de las ciencias y las artes en todas sus disciplinas. No solo en filosofía o teología, sino también en química, matemáticas, ingeniería, física, zoología, botánica, mecánica o astronomía. No tiene límites su deseo de conocer e investigar. Un maestro de maestros. Docente y pedagogo.

Contagiado por su maestro, fray Tomás siente admiración e interés por el saber greco-árabe.

La noticia de que el emperador Federico II había ajusticiado a su hermano Reinaldo le llenó de tristeza. Reza intensamente por él. La conversación en la recreación de los hermanos aclara un poco las cosas.

En 1248 pasó algo inaudito. Los Aquino nunca habían desistido de promover a Tomás a altas dignidades. Se presentó, pues, una buena oportunidad ante la generosidad del Papa. Le ofrecieron ser abad de Montecasino. La sorpresa fue mayúscula. Por lo visto era un premio de Inocencio IV a su familia por la fidelidad a la Santa Sede, razón por la cual habían perdido a Reinaldo y muchos de sus privilegios y bienes.

—¿Abad de Montecasino sin dejar de ser fraile predicador?

En la familia ya hubo una experiencia de forzar un abad. Es verdad que se daban bastantes casos en los que un religioso o clérigo, incluso a veces un seglar, no benedictino ni cisterciense, recibía la encomienda de ponerse al frente de una abadía. Sin duda una oferta muy tentadora y, aparentemente, conciliadora. Tomás se muestra resuelto y firme:

—No deseo, bajo ningún concepto, honores o privilegios ni como abad ni como prelado. Solo deseo ser un fraile predicador, pobre y mendicante. Declino el ofrecimiento.

Ese mismo año, de 1248, por Pentecostés, el Capítulo general de los dominicos toma la decisión de instituir un nuevo Estudio General en Colonia y nombra director a Alberto Magno. Este, a su vez, solicita que Tomás y algunos otros estudiantes de París vayan con él. Y así se hace.

Cuatro o cinco días hasta Colonia por una ruta plácida. La naturaleza en pleno auge. Perfecto para la oración. Cinco o seis jornadas perfectas para conocerse mejor y compartir en fraterna amistad. El maestro Alberto no deja de observar cuanto hay a su alrededor. Toma notas. Se admira de la laboriosidad de las hormigas y advierte que no son todas iguales. Experimenta con sus comportamientos. Descubre que hay una cierta jerarquía entre ellas y tienen diferentes costumbres. También hace un catálogo de los árboles y plantas que va encontrando. No deja de evaluar las piedras y los llamados minerales. Ello no le aparta de sus interrogantes sobre la relación alma y cuerpo o sobre la psicología humana. No descuida tampoco sus reflexiones sobre Aristóteles, Averroes, Avicena, Dionisio... Tomás va frecuentemente a su lado. No pierde detalle de lo que hace su mentor. Dialogan sobre su vocación y sobre los grandes temas de preocupación intelectual: la relación fe y razón, la unidad de la verdad, la gracia de Dios y la naturaleza, el libre albedrío, la teoría política, la Iglesia, la predicación, el método de estudio y el docente...

La ciudad de Colonia no es como París. Está en un bello y luminoso lugar a orillas del Rin. Se trata de un burgo en expansión, con un potente puerto fluvial. El convento, fundado en 1221, será la sede del nuevo Estudio General. Aún se recuerda con mucho afecto a su primer prior, fray Enrique, que fue recibido en la Orden por el mismísimo Domingo de Guzmán.

Se había anunciado el inicio de las obras de la catedral para el 14 de agosto de ese año, 1248. El prior pide a los religiosos, también a los estudiantes recién llegados, que participen en aquel acontecimiento multitudinario. Tomás piensa que su estancia en Colonia será una bendición y se encomienda a la Providencia de Dios.

Las clases en el nuevo Estudio General se inauguran, como es tradicional, el 14 de septiembre, día de la Exaltación de la santa cruz. Además de las cosas del saber, fray Alberto instruye a sus discípulos en la espiritualidad cristiana y en la vida religiosa de los predicadores. El maestro no oculta su admiración por Dionisio, llamado también Areopagita. Comenta una y otra vez sus escritos.

Tomás recuerda continuamente estas palabras del Pseudo-Dionisio Areopagita:

«Tomad cada día el camino de la experiencia humilde de la fe. Entonces, el corazón se hace grande y también puede ver e iluminar a la razón para que vea la belleza de Dios».

Formación en Colonia, sacerdote y profesor (1248-1252)

La algarabía de los jóvenes religiosos estudiantes del convento de Colonia es contagiosa. Hermanos de Polonia, Escandinavia, italianos, normandos, sajones, por supuesto alemanes... Una gran riqueza humana y una gran esperanza para el futuro. La sala de recreación bulle, inundada de luz natural gracias a los grandes ventanales. Es una estancia bastante más espaciosa que la de París, pobre pero cómoda. Toda la comunidad cabe sobradamente tanto de pie como sentados.

Tomás está como distraído. Otro joven fraile, ocurrente y vivaracho, se asoma a la ventana y grita:

—Fray Tomás, mira: ¡un buey que vuela!

El de Aquino hace un gesto de volver en sí, como si despertara de un sueño. Va hacia la ventana con paso aplomado. Mira y vuelve a mirar.

—No veo el fenómeno, fray Silvestre.

Todos los estudiantes estallan en una sonora carcajada.

El napolitano se da cuenta de que le han gastado una broma.

—No tenéis por qué reíros. Es más fácil pensar que un buey pueda volar que aceptar que un religioso mienta.

Silvestre se puso colorado. Le pide sinceramente perdón. Tomás le hace saber que el incidente no tenía importancia. El hermano Silvestre se transforma en un verdadero amigo de Tomás.

En sus clases, el maestro Alberto aclara que, si bien se refiere frecuentemente a la filosofía de Aristóteles en sus lecciones y escritos, no lo consideraba una autoridad absoluta. Se emociona al transmitir a sus alumnos una de sus más firmes convicciones:

—La encarnación del Verbo demuestra que la realidad creada es buena y digna. La salvación del género humano es obra del propio Dios, como la creación misma. El estudio de la naturaleza con el uso de la razón provoca preguntas que miran, más y más, a la causa primera y a la finalidad de todo. La causa es Dios. El Verbo revela a Dios y revela al hombre. El Espíritu Santo devuelve a Dios al hombre rescatado al precio de la sangre de Cristo y, con el hombre, es rescatada toda la creación. Precisamente, es el Verbo el que da consistencia y razón a todo lo que existe. El principio y fin de todo lo creado. La razón solo llega a las puertas de la Verdad, que es Dios y, a la vez, se dispone a recibir la luz de la Gracia. La salvación proviene de Dios, el Padre y el Hijo y el Espíritu Santo. La razón, que es un impulso y propiedad del alma humana, mueve al hombre a buscar la Verdad, aunque no es la razón la que salva al hombre. La encarnación sería así el fin siempre pretendido y buscado por Dios para que, en este mundo, los seres humanos pudiéramos conocerle del modo más perfecto posible, y para que también tuviéramos un acabado modelo de humanidad plenamente realizada... plenamente salvada. Ese es Jesucristo.

Las clases transcurren con enorme profundidad y aprovechamiento. Hay un clima cálido y fraterno. En libertad y en honestidad. El convento de Colonia es todo él un laboratorio científico. Hay una habitación muy grande llena de toda clase de objetos bien ordenados. Cristales, minerales, polvos de colores, metales... olores extraños, alambiques, recipientes varios, telas, botes con hierbas... aparatos de medición conocidos y desconocidos... Fray Alberto estudia y explica cómo se produce el sonido y se expande a través de esferas, que era su modo de decir ondas. Se da cuenta de que el eco es el reflejo de las ondas sonoras que chocan y regresan. Conoce el magnetismo, las leyes de la reflexión de la luz sobre los espejos. También conoce que los rayos del sol pueden incidir de diferentes maneras según su ángulo y cómo pueden crearse diferentes grados de calor. Observa cómo la luz se convierte en calor cuando los cuerpos la absorben y cómo influye el clima en las plantas. Descubre y describe detalladamente el arsénico. Desarrolla la manera de separar el oro y la plata en las aleaciones. Estudia la formación de la corteza terrestre. Clasifica y describe con precisión muchas especies. Estudia toda la fauna de Alemania. Hace experimentos y diferentes estudios, tomando nota de sus detalles como, por ejemplo, la teoría de la transmutación. Se interesa por el trabajo de los mineros y fundidores, llegando a sus propias conclusiones y proponiendo soluciones o métodos de trabajo más eficaces para transformar los metales. También inventa máquinas de diferente índole.

Le gusta compartir sus hallazgos con los religiosos que, en muchas ocasiones, quedan desconcertados. Algunos se lo reprochaban pues, por ejemplo, la alquimia estaba mal vista y, de algún modo, se relacionaba con la brujería. La gente de la calle le llama «mago». Pero él siempre hace caso omiso y defiende sus investigaciones como racionales y alejadas de toda sospecha oscurantista.

Un día Tomás de Aquino entra en el laboratorio de fray Alberto. Esperaba encontrarlo allí. Observa con curiosidad. En un lugar, algo oscuro, ve una cosa que parece un aparato con perfil humano. Una especie de cabeza de la que colgaban algunas estructuras de goma y metal. Se acerca, lo toca y aquello dice:

—¡Salud!

El susto es monumental. Lo torpe de sus aspavientos dan con el autómata en el suelo y con Tomás caído de espaldas golpeado contra la pared. El maestro Alberto entra en ese momento. La escena es cómica y grotesca a la vez. Auxilia a su pupilo. Una vez calmado el joven, y puesta en orden la habitación, le explicó la mecánica del parlante.

La noticia corrió por el convento, causando tanto admiración como risas y preocupación. ¿Será un nigromante?, se pregunta alguno. El maestro Alberto repara como puede el ingenioso artefacto. Todos los hermanos del convento pasan por allí y cada vez que tocan aquel chisme, este responde con tono gangoso y desagradable: ¡Salud! Tan malparado queda el invento que Alberto decide deshacerse de él.

El Estudio General de Colonia no es, en absoluto, aburrido. Los días transcurren dinámicos. El estudio, la oración, la vida fraterna y la predicación hacen del convento de Colonia un lugar ideal. Las controversias y los debates se suceden. Los alumnos participan con competencia en ellos. El estudio de la mística del Areopagita les ayuda en su propia vida espiritual.

El prior del convento observaba que Tomás pasaba horas y horas de estudio en su celda.

—Necesitas descansar un poco. Procura pasear dos veces al día por el claustro o por el jardín del convento. No estés encerrado en la celda en exceso.

Por la noche permanece en la iglesia hasta maitines. Después de laudes oye o ayuda en la Misa de alguno de los sacerdotes y da un primer paseo por el jardín o por el claustro. Luego va a las clases. Estudia, lee, anota, reza, escucha, se confiesa con frecuencia... No deja de rezar, reflexionar, pensar y escribir. Siempre hay tiempo para otro paseo. Aun así, no es un punto de ocio, sino un complemento a la contemplación, tanto en modo de oración como de estudio.

Se da cuenta, como así afirmaba fray Alberto en clase, de que ahora se puede buscar y razonar a tientas, pero llegará un momento en que el discurso cesará porque se habrá producido la unión con Él que es inefable, misterioso y oculto. A Dios se accede por la experiencia de la relación con Él. Se le puede pensar, pero entendiendo que está muy por encima de nuestras capacidades. Y que solo en una vida cristiana auténtica, con un corazón limpio y una mente ordenada, se puede decir algo sabiendo que no lo puede alcanzar sino por pura Gracia. No es otra cosa la fe.

Recuerda y analiza todo lo vivido, escuchado o leído a lo largo del día. Se hace preguntas que él mismo se responde. Poco a poco va perfilando su estilo como intelectual y como religioso. Comprende que la teología no puede ser ajena al seguimiento efectivo de Jesucristo. De lo contrario es mero especular abstracto sin alma ni razón.

Pronto será sacerdote. Como tal, habrá de ser testigo y rostro de Jesucristo. Fray Tomás percibe que tendrá que desprenderse de sí mismo para mostrar auténticamente el rostro de Jesucristo, el único Salvador. El ejemplo de hasta dónde ha de llegar ese desprendimiento de sí lo encuentra en María, la Madre del Señor.

Ocurre algo que se veía venir. El maestro Alberto promueve a Tomás como profesor auxiliar. La brillantez del joven quedó de manifiesto no solo por sus lecciones sino también porque empieza a escribir y a publicar libros, que pronto serán más conocidos que los de su maestro.

El año 1250 será recordado con humildad, gratitud y cariño. Colonia es el marco idóneo en el que fue llamado por la Iglesia al ministerio sacerdotal. Preside la ceremonia el arzobispo, Conrado de Hochstaden. Toma la decisión de que toda su vida será sacerdotal, siempre, en toda circunstancia y lugar, fuera cual fuera el empeño que se le encomendara. Como santo Domingo de Guzmán, desea ardientemente ser útil a la salvación de las almas de sus prójimos.

La primera Misa de Tomás no fue diferente en solemnidad y belleza a la de sus hermanos de hábito. Pero sí hubo algo que le marcó... la verdad de lo que ocurre en la Eucaristía. En su alma resonará, constantemente, una convicción que él mismo convertirá en himno:

—¡Oh, sagrado banquete, en que Cristo es nuestra acomida! Se celebra el memorial de su pasión. El alma se llena de gracia y se nos da la prenda de la gloria futura. Amén.

Primer magisterio en París
(1252-1259)

Recién ordenado sacerdote, continúa como auxiliar de Alberto Magno. No es un encargo menor.
Además, es una exigencia para hacer méritos cara
a lograr el título de *Maestro en Sacra Pagina*, o
sea, lo que hoy llamaríamos doctor en teología.

Todos lo dicen. Aporta originalidad, rigor,
claridad, concreción y novedad. Tiene una visión
enciclopédica, enorme capacidad retórica, además
de una oratoria inteligente y perspicaz. A ello se
suma la facilidad y rapidez para escribir de modo
coherente y ordenado.

Redacta una especie de manual de apuntes,
un subsidio filosófico para uso de los estudiantes,
titulado *De ente et essentia*. El hermano Silverio,
por su parte, pide el favor de algo que le ayude
con la cuestión sobre los principios de la naturaleza, pues tiene dificultades para asimilar los
conceptos. Con todo afecto, le prepara un resumen y se lo dedica expresamente titulándolo *De
principiis naturae*. Dos escritos de aula en los que

deja ver sus grandes dotes para la reflexión y la pedagogía. Está claro que lo suyo es la docencia... y el sacerdocio.

En París el titular de cátedra, fray Elías Brunet de Bergerac, solicita que se le asigne un auxiliar, llamado en esa época «bachiller». Consultan a Alberto Magno y este no duda en proponer a Tomás de Aquino. El candidato muestra sincera humildad ante la oferta que se le hace, pues considera que no es persona idónea.

Superadas algunas reticencias, puesto que el Maestro de la Orden pensaba que el napolitano aún era muy joven, pero ante la insistencia de Alberto y de Hugo de San Caro, se le nombra bachiller en París. Camino de Francia, pasa por Aquisgrán, Maastrich, Lovaina... Aprovecha para orar y pensar. Donde puede celebra la Misa.

El perfil de la majestuosa catedral de Nuestra Señora, aún inacabada pero ya consagrada, cautiva la mirada. Enseguida se ve la formidable muralla. Se dirigen al lienzo sur. Nada más pasar el umbral de la puerta de Santiago, ya han llegado a casa.

El maestro Elías pronto se percata de la valía de su agregado. Fray Reginaldo de Piperno observa a su nuevo compañero de convento. Había oído hablar de él en Nápoles. Ahora comparten el día a día. Comienza la nueva etapa.

No fue una lección inaugural que aportara grandes novedades. El texto lo había preparado en Colonia. Versaba sobre la Sagrada Escritura a partir de un pasaje del profeta Baruc. Gustó mucho y puso en alerta a profesores y alumnos de que aquel bachiller novel, de 27 años, daría que hablar. Precisamente los primeros cursos que imparte versan sobre los profetas.

Pronto el auditorio del bachiller Tomás crece y su prestigio va en paralelo a la excelencia y cantidad de sus intervenciones públicas en los debates. En su enseñanza suscita nuevos temas, encuentra un modo nuevo y claro de afrontarlos, aduce nuevas razones para la solución de los conflictos. A eso se suma su atractiva personalidad y calidad como sacerdote y religioso.

Redacta, revisa y prepara, para ser publicado, un *Comentario a las Sentencias de Pedro Lombardo*. Todavía es deudor del magisterio de fray Alberto, si bien empieza a despegarse. Trabajando en un modelo de síntesis clásico, pronto aportará absoluta originalidad.

Tomás parte de Dios, de quien salen todas las cosas, y vuelve a Dios, a quien todas las cosas van. Hace gala de un rigor analítico-conceptual muy por encima de lo que es habitual entre sus colegas. Da mucha importancia a Aristóteles. No desdeña a Averroes, Avicena, Boecio, al mismo Platón, o a otros. Precisamente de Aristóteles toma los preámbulos filosóficos y racionales para el objeto de su enseñanza: la Verdad revelada. Dios en su mismo ser.

—Dios en su mismo ser tiene todas las perfecciones. No es ser universal o común como sostiene, por ejemplo, Avicebrón. Es en sentido personal, como enseña la Escritura: es Alguien. Todas las cosas son una con Él porque proceden de Él, pero los demás seres se dispersan en su diversidad. Él Es y todo lo demás existe porque Él Es.

Sus hermanos de hábito empiezan a emular a Tomás. Poco a poco, el discípulo deviene maestro. Hay una convicción en boca de todos. Pone la razón al servicio de la fe.

La noticia de la muerte del Maestro de la Orden, fray Juan de Wildeshausen en Estrasburgo llegó en un momento delicado. Su prestigio y el peso específico de su persona eran un aliciente para toda la Orden de Predicadores. Se ha de proceder a la elección de un nuevo superior general que no rompa la cadena, cuyo primer eslabón es santo Domingo de Guzmán.

Navidad es siempre un tiempo feliz que suscita en el Aquinate inmensa admiración y adoración. Lo comenta con algunos de sus hermanos de comunidad:

—Cristo nos mostró su benignidad por la comunicación de su divinidad, y su misericordia, tomando nuestra humanidad. Ha nacido un niño para nosotros, esto es, para utilidad nuestra.

Un anciano hermano de comunidad, que esa noche no puede dormir, acude al oratorio. Se percata de que alguien está allí. Es fray Tomás. Su rostro de tez morena parece luminoso y brillante. Su cabello se le antoja traslúcido. Sus grandes manos abiertas, firmes, pero, a la vez, mantienen un ademán acariciante. De pie, ante la imagen de María con el niño, su ya de por sí gigante figura parece más estilizada, como una flecha que señala el misterio de Dios. El hábito blanco refulge, pero no por el reflejo de la luz de las lámparas. Parece uno de aquellos ángeles que cantaron el Gloria ante los pastores, anunciando el nacimiento de Jesús. Fray Leandro queda anonadado. Discretamente, sin hacer ruido, sale del coro. Regresa a su celda.

Fray Humberto de Romans, provincial de la Provincia romana, es elegido cuarto sucesor de santo Domingo. Corre el año 1254. Un hombre de gran cultura y hábil para el gobierno.

El papa Inocencio IV nombra abadesa de Santa María de Capua a su hermana Marotta. Parece que así quiere compensar a los Aquino por sus pérdidas frente al emperador, por tomar partido en favor del pontífice. Al menos un Aquino ostentará el máximo cargo en una importante abadía. ¿Estará su madre satisfecha?

El conflicto entre los profesores no religiosos y los religiosos arrecia. El éxito de los religiosos en sus cátedras y el desprestigio creciente de los seculares, por la baja calidad de sus enseñanzas y su vida disoluta, están en la raíz del problema. Los seculares llegan hasta la huelga para llamar la atención de las autoridades, especialmente del

Papa. Para intentar sacar a los religiosos de las cátedras universitarias de París, los critican dura e injustamente:

—Los mendicantes no deben regentar cátedras en la Universidad. Su estilo de vida es incompatible con la enseñanza. Aun su misma existencia no es ningún beneficio para la causa de la fe.

Alguien echa más leña al fuego. El franciscano Gerardo del Borgo publica una obra titulada *Introducción al Evangelio eterno*. Recoge las posiciones milenaristas del abad calabrés Joaquín de Fiore, quien postulaba que se estaba en la última edad de la historia, la edad del Espíritu Santo. Era un planteamiento profético-escatológico: la consumación de la historia. Genera planteamientos erróneos. Entre otras cosas, concibe la historia como un ascenso en tres etapas: la edad del Padre, que fue la edad de la ley, gobernada por la laboriosidad, el trabajo y el temor; la edad del Hijo, que ha sido la edad del Evangelio, gobernada por el estudio, la disciplina, la fe y la sumisión filial; la edad del Espíritu, que sería la edad gobernada por la contemplación, la esperanza, la alegría y la libertad. En esa tercera edad la Iglesia sería superada por una religiosidad más espiritual e interior, sin estructura visible o histórica. Esta visión, nada cristocéntrica y muy rigorista, estaba teniendo mucho éxito entre los franciscanos y otros religiosos. Generó una especie de idealismo purista. El IV Concilio de Letrán había condenado algunas de sus proposiciones, si bien el abad Joaquín de Fiore gozaba personalmente de fama de santidad.

Los maestros seculares de París aprovecharon la oportunidad. Cristiano de Beauvais, Nicolás de Barre, Odón de Douai, capitaneados por Guillermo de Saint-Amour, el propio obispo, Reginaldo Mignon de Corbeil, se suman a la polémica. Esta se va a enfocar hacia un rechazo específico hacia los franciscanos y los dominicos. Ambas órdenes nacieron prácticamente a la vez y tienen mucho éxito e influencia creciente en todos los campos.

El bachiller Tomás aboga por la solución del grave problema. No solo está amenazada la Orden de Predicadores. Está amenazado el sentido de la fe, el valor de la Vida apostólica, la libertad de la Iglesia y la fidelidad al Evangelio. Es un ataque contra el Espíritu Santo, un pecado gravísimo que conduce a los cristianos a un callejón sin salida. Negar los carismas en la Iglesia atenta contra el despliegue de la Gracia y empobrece las posibilidades de la Iglesia de cumplir con su misión de salvación por medio de la evangelización.

Presionan al papa Inocencio IV para que suprima los privilegios que la Santa Sede había concedido a los mendicantes desde su fundación. El Papa, que antes había defendido a los religiosos, ahora cede ante los diocesanos con una bula fechada el 21 de noviembre de 1254, titulada *Etsi animarum*. Ese mismo día sufre una parálisis y el 7 de diciembre fallece. La aplicación de la bula queda en el aire.

Es elegido pontífice Alejandro IV. Revoca lo firmado por su antecesor. Los ataques de Guillermo de Saint-Amour se intensifican. Dos escritos de su pluma se difunden con rapidez. El franciscano, Buenaventura de Bagnoregio, conocido por nosotros como san Buenaventura, escribe una defensa titulada *La perfección Evangélica*.

El nuevo Maestro de la Orden, fray Humberto de Romans, encarga a Tomás que escriba también en defensa de los religiosos. Se pone manos a la obra y redacta una apología, que titula: *Contra los que impugnan el culto a Dios y la religión*. Defiende el derecho, autenticidad y solvencia de los mendicantes, sin menoscabar el derecho de los seculares.

Esa Pascua de 1256, cuenta 31 años. El Canciller de la Universidad estimó que ya había llegado el momento en que Tomás debía acceder al título de *Magister*. Era una anomalía, pues no se podía acceder al título de *Maestro en Sacra Pagina* con menos de 35 años. Ciertamente, por si fuera poco, el ambiente está tenso y enrarecido. La Corporación de Maestros se opone hasta violentamente. Muchos desisten de participar en el tribunal. Pero el Canciller valoró que el joven napolitano tenía unas cualidades excelentes para no esperar. El Papa estuvo conforme.

Tomás se siente incapaz para asumir esa responsabilidad. El Aquinate intenta zafarse de la promoción. La noche víspera del examen por parte del tribunal, Tomás no logra conciliar el sueño. Tuvo la intuición de que el mismo santo Domingo le inspiraba que tratara sobre el versículo 19 del Salmo 103. Así lo hace.

El día de la lección inaugural, Luis IX envía una guardia para protegerle a él y a sus compañeros asistentes al acto. Todo ocurre en el *Studium* del convento de Santiago. Sube solemnemente al estrado y comienza su *incipit*. Se muestra bien erguido, que no desafiante, pero sí firme, con lo cual parece aún más alto. La voz armoniosa, bien timbrada, sólida y cálida a la vez, de fray Tomás de Aquino suena con rotundidad. Tras una pausa intencionada, captada la benevolencia de los presentes, continúa su discurso. Sorprende la fuerza de su descripción del oficio del teólogo. Diserta sobre el lugar de la Escritura en la Teología. Subrayando la importancia de destacar los puntos en los que la revelación divina no solo aparece como razonable, sino que es coincidente con lo que la razón puede llegar a alcanzar por sí misma. Acentúa, así mismo, la importancia de prestar atención a los Padres de la Iglesia, a los cuales cita profusamente. Mantiene una actitud humilde y religiosa. Conserva un temple sereno y elevado. Su discurso es firme y genera adhesión.

El Rector avisa de que aún no podrá ejercer realmente la docencia, hasta que se aclaren los contenciosos pendientes. Hay en Roma una comisión que está estudiando las acusaciones de Guillermo de Saint-Amour. Luis IX hace llegar al Papa el escrito de Tomás en defensa del derecho de docencia de los religiosos. El texto causa impacto y el Papa resuelve a favor de los religiosos, zanjando la polémica. La bula *Romanus Pontifex*, fechada el 5 de octubre de 1256, fue leída tanto en la Universidad como en el refectorio del convento de Santiago.

La comunidad no sabe cómo agradecer a fray Tomás el inmenso servicio prestado. Él, sin embargo, permanece tranquilo y con su paz de siempre, como si nada hubiera ocurrido. A muchos se les antoja que su persona es ahora mucho más grande que su apariencia corporal.

La guerra contra los religiosos no cesa, sin embargo. Las amenazas de excomunión por parte del obispo de París o del propio pontífice no parecen amedrentar a los que azuzan la campaña. Cuesta incluso salir a mendigar el pan. Pasan hambre y necesidad.

En 1257 el papa Alejandro IV manda a la Universidad de París activar en su puesto tanto a Tomás, para la cátedra de los dominicos, como a Buenaventura, para la cátedra de los franciscanos. El Canciller de la Universidad, Eric de Veyra, obedece.

Ahora, el maestro Tomás puede dedicarse con plenas facultades a su cátedra. Su actividad como sacerdote, predicador y profesor se multiplica.

Investiga y comenta la Sagrada Escritura y los grandes temas de la Teología o la Filosofía. Propone y participa en los debates públicos. Predica la Palabra de Dios. Él tiene clara cuál es su misión:

—Yo tengo por cierto que el principal cometido de mi vida es tener presente que me debo totalmente a Dios, de tal modo que todos mis actos y palabras sean un lenguaje que hable de Él.

Tomás decide desarrollar el género llamado cuodlibetal. Serían, como mínimo, dos sesiones públicas, por Pascua y Navidad, en las que cualquiera, profesor, alumno o simple campesino, puede preguntar lo que quiera. En los debates académicos públicos, las llamadas cuestiones disputadas, tanto ordinarios como extraordinarios, el bachiller es el primero en responder y, de algún modo, adelanta o expresa en primera instancia las claves del pensamiento del maestro sobre la materia en discusión. A Tomás le interesa mucho que su bachiller, el joven Anibaldo, se familiarice con su pensamiento y con su lenguaje para que haya coherencia en las argumentaciones. Piensa también tomar algún secretario que le ayude, entre otras cosas porque el Aquinate tiene una caligrafía pésima y los copistas cometen muchos errores a la hora de transcribir y publicar sus escritos.

—Toda naturaleza es esencialmente ser. La verdad tiene que ver con el ser. La esencia de cada ente, el ser subsistente, conforma la verdad. Lo que la cosa es en sí. El ser en acto. El ser es lo primero que el entendimiento concibe como lo más conocido y en lo que resuelve todos los conceptos, como dice Avicena. Por eso, es preciso que todos los conceptos del entendimiento se formen como adición del ser.

El bachiller toma notas para captar bien las nociones.

—¿Es más principal la verdad del entendimiento, lo que yo entiendo o conozco de algo?

—Ya Avicena decía que la verdad de cada cosa es la propiedad asignada a su ser. En el ejercicio de conocer cabe la falsedad, cuando, como dice Aristóteles, las cosas parecen lo que no son o como no son. A la inteligencia verdadera corresponde un ente verdadero. La verdad causada por las cosas en el alma sigue a la existencia de las cosas y no a la estimación del alma, pues dícese verdadero o falso el enunciado porque la cosa es o no es. Si no existiera el entendimiento humano, serían verdaderas las cosas en el orden del entendimiento divino.

Comprende el auxiliar que es un error pensar que lo que uno entiende que es verdadero tiene prioridad sobre la realidad. No es primero lo que uno piensa, sino lo que la cosa es. Solo en Dios hay identidad entre entendimiento y ser.

—No lo dudes. La verdad tiene que ser el fin último de todo el universo y todo saber tiene que ocuparse ante todo de buscarla y contemplarla. Graba bien en tu memoria que la verdad, dígala quien la diga, procede del Espíritu Santo.

El convento de Santiago de París tiene una vida intensa. La rutina del Aquinate es más o menos la misma: oración personal y secreta en la iglesia antes de maitines, cuando todo está en silencio y los hermanos duermen; Misa después de laudes, la suya y luego asiste a la de otro hermano y, algunas veces, a dos; paseo matutino por el claustro o el jardín; luego va a su celda para preparar la clase de Prima, así llamada a la primera hora lectiva, la más importante; atiende alumnos, escribe o dicta sus libros; tras la hora de sexta, comida con la comunidad; un rato de recreación con los hermanos; un pequeño descanso; y a escribir, predicar o atender a quienes desean entrevistarse con él; las vísperas y las completas ponen el broche de oro a la jornada.

Las afrentas de los seculares son constantes. Unos días son más ligeros que otros. El conflicto en la Universidad ha enrarecido mucho el clima humano de la ciudad. Algunos hermanos tienen dudas y sufren porque no saben qué pensar o decir. Muchos tienen miedo.

—¿Tienen razón los seculares al acusarnos de vivir, digámoslo así, a nuestra manera, fuera de la realidad y de la verdad del Evangelio, como dicen ellos?

—Es evidente que una Orden consagrada a la contemplación y a la comunicación de la verdad revelada, por la predicación y la enseñanza, exige de nosotros mayor preocupación por las cosas espirituales. Nuestra pobreza reduce en lo posible la preocupación por las cosas materiales.

—¿Pero es necesario que hayamos de pedir limosna para ganarnos el pan?

—La mendicancia es un signo del seguimiento de Jesucristo y de humildad por el desprendimiento de sí que realizó nuestro Señor. No tenemos nada salvo a Dios. Al vivir de la limosna simplemente ponemos de manifiesto que confiamos en el Señor y no deseamos privilegios ni honores. Nosotros no hacemos las cosas por quedar bien o ganarnos el afecto de los príncipes o potentados. Al vivir en pobreza mendicante, nos situamos entre los más humildes para servir solo al Señor, como los apóstoles, y darnos sin reservas a su Iglesia.

—¿Qué interés nos ha de mover para ser fieles?

—No nos debe mover otro interés que el amor a Dios y al prójimo.

—¿Y las acusaciones de los seculares?

—También son hijos de Dios, pero en gran medida cegados por la hipocresía. Hemos de orar para que también ellos se conviertan y vivan conforme a su estado de vida.

En aquel convento residen más de 40 religiosos de varias procedencias. Además, hay frailes que llegan para unos pocos días; están de paso por diferentes motivos. Se acerca un hermano muy joven que Tomás no había visto nunca. Tiene un aire ansioso y camina de forma atropellada. Abre los ojos como si hubiera tenido la suerte de encontrar algo largamente deseado:

—Hermano, ¿puedo rogarte un favor, por caridad?

—Tú dirás.

—He de salir a la ciudad a cumplir un encargo de la obediencia. Como sabes, siempre se nos asigna un socio cuando salimos de la casa. El prior tenía cierta prisa y me ha dicho que le pida al primer religioso que encuentre que me acompañe.

—Vamos a solicitar la bendición.

El prior queda estupefacto. Los dos solicitan permiso y bendición antes de salir del convento.

El joven estudiante es ágil y camina con paso rápido. Tomás es más quedo. Algunas personas con las que se cruzan se quedan mirando con extrañeza. Se incomoda, ya que su socio se rezaga. Le apremia un tanto bruscamente. Un profesor de la Universidad se acerca y le recrimina que trate con tan poca deferencia al maestro Tomás. El fraile se queda pálido. Siente un ataque de vergüenza y le pide perdón. Fray Tomás sonríe y hace un gesto de que no hay nada que perdonar.

Cumplido el encargo, regresan al convento. El prior pregunta a Tomás:

—¿Cómo es que accediste a acompañar a aquel hermano?

—La obediencia es la perfección de la vida religiosa, por la que el hombre se somete al hombre por amor de Dios, como Dios obedeció al hombre para salvar al hombre. Ningún mérito tengo.

El prestigio del maestro Tomás va creciendo, incluso entre sus antagonistas. Trabaja y escribe sobre la Sagrada Escritura, sobre el filósofo Boecio y otros pensadores. Predica incansablemente en la Universidad, en la catedral y en otros lugares de la ciudad. Muchos sacerdotes, religiosos y laicos buscan su consejo o su servicio sacerdotal.

El rey de Francia, Luis IX, solicita a Tomás que sea su consejero personal en la sombra. Tomás se resiste, pero por responsabilidad pastoral acaba aceptando. A partir de entonces, cada vez que convoca Consejo Real, el rey envía un escrito a fray Tomás con el tema sobre el que tiene que tratar o tiene especial preocupación. El Aquinate responde con diligencia.

Fray Tomás de Aquino es un fraile predicador fiel a su vocación y a su profesión religiosa. Ora sinceramente y desde el secreto del alma. Estudia como forma de ampliar la contemplación del misterio revelado. El reino de Dios ha de extenderse dentro y fuera del aula. Para ello la contemplación es irrenunciable. Pero no contempla como quien está obligado a algo, sino como quien ama y desea ser útil.

Los estudiantes disfrutan de tener ratos de tertulia con el joven maestro. Ocurre en el aula o en otros lugares. Siempre tiene tiempo para atenderlos. Sus preguntas, por extrañas que puedan parecer, suscitan en el profesor el deseo de estudiar más, de responder y de escribir. Su interés es facilitar un material de consulta, a la vez que desea intervenir en los grandes debates que están en auge.

—Maestro, ¿es necesario que exista la teología?

—Para la salvación humana fue necesario que, además de las materias filosóficas, cuyo campo analiza la razón humana, hubiera alguna ciencia cuyo criterio fuera lo divino. Más aún, lo que de Dios puede comprender la sola razón humana, también precisa la revelación divina, ya que, con la sola razón humana, la verdad de Dios sería conocida por pocos, después de mucho análisis y con resultados plagados de errores. Sin embargo, del exacto conocimiento de la Verdad de Dios depende la total salvación del hombre, pues en Dios está la salvación. Se deduce la necesidad de que, además de las materias filosóficas, resultado de la razón, hubiera una doctrina sagrada, resultado de la revelación.

Las preguntas surgen muchas veces a raíz de las disputas públicas, tanto las llamadas Cuestiones disputadas, como las llamadas cuodlibetales que, digámoslo así, son más llanas y populares. Cada interrogante contiene pros y contras. Tomás no minusvalora nada. Tiene en cuenta las opiniones favorables y las contrarias, lo contrasta todo con la autoridad de los que han escrito sobre el tema y tiene muy en cuenta la Sagrada Escritura. Así, elabora su propia síntesis y respuesta. Se sitúa más allá de la pregunta y de la polémica. Quiere proporcionar perspectiva para que sus interlocutores puedan responder por sí mismos a otras cuestiones, o plantearse nuevas preguntas que afiancen su conocimiento de la verdad y su fe.

Los frailes del convento de Santiago aprovechan los ratos de recreación para tener tertulias muy amenas con el que es, a la vez, su hermano y sabio profesor. No desprecian ese privilegio. Gerardo de Frachet, que es hijo de ese convento y actualmente provincial de Provenza y viene a París con cierta frecuencia, lo tiene en altísima estima y, siempre que puede, trata de conversar en privado o en comunidad con él sobre muchos asuntos, especialmente sobre lo que atañe a la predicación y a la vida religiosa:

—¿Cómo se predica a Jesucristo y su Reino?

—La predicación puede entenderse de dos maneras. Bien en cuanto a la divulgación de la noticia de Cristo, como ocurrió en tiempos de los apóstoles y a partir de ellos a todo el orbe; bien predicando por el orbe de manera que en todas las gentes se establezca la Iglesia, así se extiende más eficazmente el Evangelio. Todo lo que hace la Iglesia debe modelarse sobre el ejemplo de Cristo. El reino de Dios es lo definitivo.

Las ideas heréticas de Joaquín de Fiore tienen impacto en muchos estudiantes y profesores, aun la gente llana. Siempre que puede, el maestro intenta alejar del pensamiento de sus hermanos esa visión equivocada de las cosas, especialmente lo referido al misterio trinitario.

—Según el Apóstol en la primera Corintios, Cristo tiene que reinar. Él es nuestra gloria y salvación. Por eso pedimos al Padre, movidos por el Espíritu Santo, que venga a nosotros su Reino.

Esas tertulias extraacadémicas permiten a Tomás calibrar su pensamiento para modelar sus escritos, conforme a las preguntas e inquietudes reales, no a la mera especulación. Lo académico puede ser una trampa mortal cuando no responde a la dinámica de la realidad donde la evangelización está en juego. Y la evangelización atañe al día a día de todo bautizado.

Sorpresivamente, el gran fray Raimundo de Peñafort pide a Tomás que escriba un tratado para misioneros. Promueve la fundación de escuelas de idiomas en Murcia y en Túnez. El deseo es facilitar la tarea del encuentro y el diálogo apostólico con hebreos y musulmanes para llevarles a la fe en Jesucristo. Tomás sabe por propia experiencia que muchos malentendidos provienen del mal manejo de conceptos procedentes de ámbitos lingüísticos y culturales diversos. Se ha de leer correctamente a Averroes, Avicena, Maimónides, Alfarabi, Algazel, además de Platón, Aristóteles, Boecio... Para ello el acceso a las lenguas originales es primordial. Solo así se evitan confusiones. Cara a la evangelización esto es primordial. Reflexiona sobre cómo hacer una obra que sirva de guía y propuesta para los predicadores que van a tratar con personas diversas que incluso se mueven en otros ámbitos culturales. Toma en serio aquella petición y decide escribir la obra que todo el mundo conoce como *Suma contra gentiles*. Un verdadero tratado para misioneros, abierto a otras culturas y religiones. Él mismo explica lo que pretende hacer:

—Trataré de ofrecer una síntesis de la fe cristiana, intentando que los predicadores puedan entablar un diálogo fecundo con unos y otros, desde la racionalidad y el respeto. Me propongo, en cuanto sea posible, manifestar la verdad que profesa la fe católica, eliminando los errores contrarios. Sé que excede mis fuerzas, pero me apoyaré en la misericordia de Dios, en quien confío. No quiero polemizar, sino proponer la Verdad revelada, desde la propuesta, no desde la imposición, para que puedan abrazar libremente la fe. Huyendo de las exageraciones y buscando la virtud.

Admira el coraje de esos hermanos que están en misiones tan difíciles. A veces se pregunta si no debería él unirse a ellos. Solo Dios guía los pasos del predicador, a él lo ha enviado a las aulas de París.

Sabe que tenemos en común con todos los hombres la racionalidad y la búsqueda de la verdad. Eso proporciona al menos una inquietud por la sabiduría, a la que islámicos y hebreos son tan sensibles. La mirada de Tomás se vuelve, como tantas otras veces, angelical y, a la vez, solemne cuando dibuja en su mente el esquema de trabajo a desarrollar.

—El conocimiento del hombre acerca de las cosas divinas es triple. El primero se obtiene cuando el hombre, con la luz natural de la razón, por medio de las criaturas se remonta hacia el conocimiento de Dios. El segundo se logra cuando la Verdad divina, que sobrepasa el entendimiento humano, desciende hasta nosotros por revelación, no para que le veamos como un objeto de demostración, sino para que le creamos al proponérsenos. El tercero ocurrirá cuando la mente humana sea elevada a contemplar perfectamente las cosas que han sido reveladas.

Los maestros Buenaventura y Tomás se encuentran muchas veces y se visitan. Se aprecian sinceramente. Son dos personalidades gigantes en cuanto a la fe y al pensamiento. Su inquietud es común, aunque sus estilos y acentos difieran, pero ambos desean servir a la causa de la fe. La fraterna amistad les une y estimula.

Fray Buenaventura predica en la iglesia de su residencia franciscana. Tiene muchos seguidores. Goza de gran prestigio, comparable al de Tomás. Ambos son admirados y defendidos hasta por el papa Alejandro IV. Buenaventura sigue la estela agustiniana en su método de enseñanza, con escaso interés por la argumentación filosófica y la cultura no cristiana. Cuentan que no le hacía mucha gracia que se utilizaran otros instrumentos intelectuales que no fueran los propios de la tradición cristiana para interpretar las Escrituras.

En un sermón dominical, en el que está presente alguna persona seguidora de fray Tomás, fray Buenaventura dice:

—Hay algunos que mezclan el agua de la filosofía con el vino de las Escrituras.

Supo fray Tomás del comentario de su colega y, evidentemente, se dio por aludido. Habían pasado ocho días. También fray Tomás predica, y con gran auditorio, en el sermón dominical de la iglesia conventual de los dominicos. Leído el evangelio de las bodas de Caná, comienza el sermón y, en un momento dado, afirma:

—Servirse de argumentos filosóficos en la exposición de la Sagrada Escritura, utilizándolos en obsequio de la fe, no es mezclar agua con vino, sino cambiar el agua en vino.

Buenaventura hubo de acudir a Roma al Capítulo general de su Orden, ese mismo año de 1257. Los franciscanos viven una grave división interna. Tomás supo, por los franciscanos de París, que su colega había intentado declinar la responsabilidad de ser Ministro general de los Frailes Menores pero que, finalmente, aceptó. A Tomás de Aquino no le cabe duda de la valía de su colega fraterno. Lo echará mucho de menos en París.

La campaña contra los mendicantes arrecia. El Maestro de la Orden, fray Humberto de Romans, tanto en el Capítulo general de 1257 como por carta circular, pide a los frailes dominicos de todos los conventos resistir con la oración y el testimonio de vida. Los invita a una actitud martirial para que quede en evidencia su inocencia frente a las insidias. Es una resistencia que intenta frenar la violencia con la paz. Toma como referentes a santo Domingo y a fray Pedro de Verona, que había muerto mártir defendiendo la fe con su sangre el 6 de abril de 1252 y fue canonizado por Inocencio IV el 9 de marzo de 1253.

La basílica y el monasterio de San Dionisio, a pocos kilómetros al norte de París, es un lugar muy visitado. La gran iglesia gótica custodia las reliquias del santo, veneradas por multitud de personas, además de albergar las tumbas de muchos reyes. El maestro de estudiantes pidió a fray Tomás que acompañara a los frailes jóvenes a una pequeña peregrinación. Una agradable y simpática excursión. Tras la visita, regresan hacia París. La silueta de la ciudad con la vista de la hermosa catedral, cuya puerta de Santa María está recién acabada, les cautiva.

—Maestro, ¿no os gustaría ser señor de París? Podríais vendérsela al rey de Francia y edificar, con el dinero, muchos conventos de predicadores.

A Tomás le da la risa.

—Con mucho mayor gusto, tendría las homilías de san Juan Crisóstomo sobre el evangelio de san Mateo.

Aquella conversación y visita dio pie para que vieran la luz las *Lecturas del evangelio según san Mateo*, expuestas por fray Tomás y redactadas por Pedro de Andría, Liger de Besançon y otros muchos de sus compañeros alumnos y después revisadas en su conjunto y unidad por el maestro. Un auténtico trabajo de equipo. El maestro Tomás pide a fray Pedro que le ayude como secretario, a lo que el joven accede encantado.

Fray Tomás de Aquino es un extraordinario sacerdote. Discreto y atento al alma de sus hermanos. Se daba cuenta enseguida de los problemas de conciencia de las personas. Sabía ver los excesos de austeridad en los religiosos. Con gran discreción logró que un novicio con excesivo celo dejara su insana actitud y lograra ser un novicio ejemplar. En otra ocasión, un joven profeso le confía que había recibido un pan para entregar al convento y tenía la tentación de guardárselo para sí, pues tenía hambre. Tomás le hizo comprender que no era sana aquella actitud:

—Procura no comerte tú solo la torta, sino compártela caritativamente con los otros hermanos. Así tu mente y tu alma se verán libres de todo desasosiego. Es normal que sientas hambre, como todos nosotros. Por eso, obra con caridad y no temas nada.

Es 6 de abril de 1259, Domingo de Ramos. Fray Tomás está predicando en la capilla universitaria. Un bedel llamado Guillot interrumpe el sermón para leer un manifiesto en nombre de los estudiantes de Piccardi y de algunos maestros seculares, defendiendo a Guillermo de Saint-Amour y en contra del obispo de París y de los dominicos. Se arma un alboroto. Tomás no pierde la calma. Espera a que los boicoteadores depongan su actitud. Recuperado un cierto silencio, el predicador continúa el sermón desde donde le habían cortado. Lentamente, bendice a los asistentes y se retira. Acompañado de Anibaldo y de otros frailes, se dirigen hacia el convento. El trayecto va salpicado de una lluvia de improperios y algunas piedras.

Pasada la Pascua, fray Reginaldo se despide con pena de fray Tomás. Le destinan de nuevo al convento de Nápoles.

Fray Humberto de Romans, Maestro de la Orden, había convocado el Capítulo general de la Orden de Predicadores en Valenciennes para el primero de junio. La Provincia romana, a la que pertenece, le había elegido como uno de sus representantes. Uno de los temas de reflexión fue unificar el programa de estudios que habría de seguirse en toda la Orden de Predicadores. Para ello se constituyó una comisión integrada por fray Alberto, fray Buonomo el Bretón, fray Florencio de Hesdin, fray Pedro de Tarantasia y el propio fray Tomás de Aquino. Redactan una propuesta que fue debatida y favorablemente acogida por el Capítulo.

Mientras tanto, enterado el Papa del escándalo organizado en Pascua, el 21 de junio ordena al obispo de París la excomunión del bedel de la Universidad, la privación de su empleo y la expulsión de la ciudad. Aunque disminuyó en gran parte la algarada contra los mendicantes, realmente no cesó.

El prior provincial de la Provincia romana, Nicolás de Juvenacio, habla con el Maestro de la Orden y le solicita que Tomás de Aquino regrese a Nápoles y ayude a organizar los estudios en Italia. Fue toda una sorpresa. El Capítulo general estuvo de acuerdo con la propuesta y Tomás la acató sin oposición.

La humilde madurez de un genio (1259-1268)

Tiene 34 años. Fray Anibaldo dei Anibaldi lo sustituyó en la cátedra parisina. Ahora un nuevo cambio, una nueva obediencia, una nueva etapa. Una experiencia acrisolada en un lugar difícil y exigente. Como hombre y como religioso brilla con luz propia. Su valía como predicador es indiscutible. Su capacidad como maestro y pedagogo está más que acreditada. ¿Cabe llegar más alto? Sin embargo, lo que a Tomás le interesa es ser fiel al Señor. El Señor Jesús es el libro donde Tomás lee la vida, los acontecimientos, los entresijos, las decisiones... Es un contemplativo que predica o un predicador contemplativo. ¿Qué más da? Es un bautizado que no hace otra cosa que amar al Señor y a sus prójimos, por los que el Señor dio la vida y por los que el Señor le eligió sacerdote. Tomás quiere ser, ante todo, testigo fiel, discípulo digno de Jesús.

El periplo hasta Nápoles es largo. No tienen un itinerario definido. Deciden seguir la vieja vía

Francígena. Fray Rolando va en el grupo, si bien, tras cruzar los Alpes, se dirigirá a Bolonia. La entrada a la península itálica por el paso del Gran San Bernardo debió de ser algo penosa, pero muy bella. No pierde el tiempo Tomás. Escribe y ora. Tampoco desaprovecha la oportunidad de hablar con su superior provincial para que le explicara qué es lo que esperaba de él. Le puso al día sobre cómo estaban las cosas en Italia.

Vercelli, Florencia, Roma... El maestro Humberto de Romans ya está en Roma cuando Tomás pasa por Santa Sabina. Tuvieron una larga conversación. Le pidió que estuviera disponible por si se le solicitara participar de alguna manera en la corte pontificia, ya que el Papa tiene una especie de Estudio General ambulante que lleva consigo a donde se traslada. En este año, la corte papal está en Anagni.

Aquino, Montecasino, Capua... Nápoles sigue siendo Nápoles. El convento tiene otro aspecto, más sólido y acogedor. Lo llaman santo Domingo Mayor ahora. Típica redundancia napolitana. La acogida no puede ser mejor. Apenas entra, se encuentra con Reginaldo de Piperno. La alegría fue mutua y enorme. Antes de que su conversación se enrede, con cierta ingenuidad y, a la vez, convencido de lo que hacía, fray Tomás le hace la propuesta de que sea su secretario personal.

Reginaldo tiene grandes cualidades como persona, como gestor y como erudito. Tomás tiene plena confianza en él. Sabe redactar adecuadamente. Tomás se dio cuenta durante el viaje de que es mejor dictar que escribir directamente, ya que su mente es más rápida que su pluma. Reginaldo es una persona culta: conoce el griego, el árabe y el hebreo. Está familiarizado con la filosofía y la teología, así como con la Sagrada Escritura y los santos Padres de la Iglesia. Es un hombre eficaz y bien conocido en los ambientes curiales de la Orden y de la Iglesia. Es un hombre pragmático, buen administrador y mejor gestor. Por si fuera poco, pertenecen jurídicamente al mismo convento y a la misma provincia dominicana.

Reginaldo sabe que la propuesta entraña mucha responsabilidad y trabajo. Pero aceptó y ciertamente que fue un acierto para ambos.

Tomás tenía iniciado el *Comentario a las Cartas de san Pablo*, pero quiere dar prioridad a la *Suma contra los gentiles*, para enviársela cuanto antes a fray Raimundo de Peñafort.

El prior del convento lo estima adecuado y asigna a fray Reginaldo como socio y secretario de fray Tomás. También le asigna a fray Nicolo como ayudante y está pensando en un tercero. Con buen criterio, el prior vislumbra que fray Tomás necesitará muchas ayudas para desarrollar su misión y se las facilita en la medida de sus posibilidades.

La vida conventual en Nápoles es muy sencilla y agradable. La liturgia de las horas marca el ritmo. Es una comunidad variada, donde los ancianos y los jóvenes conviven en armonía con los de mediana edad. Hay paz. Los novicios aprenden a ser frailes; los recién profesos se preparan para la predicación mediante el estudio; los ya sacerdotes celebran la Misa y salen a predicar acompañados de sus socios. La mendicancia es cotidiana. Viven de limosna. El maestro Tomás, con sus nuevos socios, y a veces con otros frailes, también mendiga el pan para la comunidad, como los demás. Desempeñará el oficio de Lector, o sea, el teólogo y docente de la comunidad.

Podría decirse que Nápoles le devuelve el sosiego. Gana en caridad hacia los hermanos. Está muy atento a las necesidades de unos y otros. Tiene tiempo para orar, estudiar, escribir y predicar. Predica a su comunidad y predica en la iglesia.

—La perfección del hombre consiste en la unión con Dios. Es necesario que el hombre, con todas sus fuerzas y con todo lo que hay en él, tienda hacia lo divino y así conocerá el amor. El espíritu humano debe tender a conocer a Dios más y más. Lo que Jesucristo ha obrado es para instrucción nuestra. Las cosas de la divinidad son las que más suscitan el amor y la devoción, porque se ha de amar a Dios sobre todas las cosas. Pero la debilidad del espíritu humano necesita un guía para el conocimiento de las cosas divinas, de la misma manera ha de ser conducido al amor por las cosas sensibles entre las cuales la principal es la humanidad de Cristo. El mismo Cristo pregunta a sus discípulos: ¿sabéis lo que he hecho con vosotros? Meditemos las acciones de Dios, así descubriremos que Dios nos comunica su bienaventuranza y esta comunicación nos es dada por amistad, luego se hace evidente que la caridad es una amistad del hombre con Dios. La amistad de caridad se extiende también a los enemigos a quienes amamos por el amor a Dios.

Los frailes advierten que el Aquinate se dirige a la capilla cuando todos descansan y allí permanece hasta que suena la campana de maitines. Sienten curiosidad. Alguno se queda escondido en el coro. A la hora acostumbrada, aparece Tomás. Hace una profunda reverencia ante el altar y se coloca mirando al crucifijo con los brazos en cruz. Luego se gira hacia la imagen de la Madre de Dios. Junta sus brazos, pero con las manos abiertas hacia María, y recita con voz clara una larga oración. Tiene un aspecto angelical.

—A las entrañas de tu piedad encomiendo hoy, y para todos los días de mi vida, mi cuerpo, mi alma, todos mis actos, los pensamientos, la voluntad, los deseos, las palabras, las obras y toda mi vida y mi fin. Para que, con tu intercesión, todas las cosas se orienten al bien, según la voluntad de tu Hijo amado y Señor, nuestro Señor Jesucristo. Para que tú seas para mí, oh Señora mía santísima, auxilio y consuelo ante las tentaciones y las luchas del antiguo enemigo y de todos los demás enemigos.

Pide para mí, oh Señora, una perpetua castidad de la mente y del corazón, para que con un corazón puro y un cuerpo casto pueda servir a tu querido Hijo y a ti en tu Orden.

Consigue de tu Hijo para mí la pobreza voluntaria con la paciencia y la tranquilidad de ánimo, para que sea capaz de sostener la disciplina de la Orden y de trabajar por mi salvación y la de mi prójimo. Y, además, pide para mí, oh dulcísima Señora, una caridad con la que yo ame con todo el corazón a tu Hijo sacratísimo, nuestro Señor Jesucristo, y a ti, después de Él, sobre todo, y al prójimo en Dios y por Dios.

Haz, oh Reina del cielo, que yo tenga siempre en el corazón el temor junto al amor de tu dulcísimo Hijo.

Te ruego, además, que, en el momento del fin de mi vida, tú, Madre única, puerta del cielo y abogada de los pecadores, no permitas que yo, indigno siervo tuyo, me aleje de la santa fe católica. Te ruego que tú me socorras con tu gran piedad y misericordia, y me defiendas de los espíritus del mal; y que yo, lleno de esperanza en la bendita y gloriosa pasión de tu Hijo y en tu intercesión, obtenga de Él el perdón de mis pecados y que, muriendo en tu amor y en su amor, me dirija por la vía de la salvación y de la salud eterna.

Ante la Madre de Dios experimenta ternura y confianza. Trata con Dios como de tú a tú. La inteligencia de Tomás se nutre de la Caridad. Su vida es luminosa y amable porque brota de la fuente de la luz y de toda verdad. Tiene claro que la finalidad de la vida apostólica es la salvación de las almas (término técnico con el que los medievales hablaban de la salvación eterna de las personas) y que el objetivo de un religioso predicador es ser instrumento de Jesucristo. Tomás pide cada día que se cumpla en él el testamento de santo Domingo de Guzmán a la hora de la muerte: «Sed humildes, tened caridad, guardad la pobreza voluntaria».

Los pasos de fray Tomás de Aquino se encaminan a Anagni, acompañado de fray Reginaldo. Les han dado permiso para llevar un mulo. Menos mal que su memoria es extraordinaria y no hace falta acarrear todos los libros que suele manejar. Además, por suerte, las bibliotecas de los conventos tienen copias de todos los materiales de consulta necesarios. Hacen un repaso de todos los escritos realizados hasta ahora y los que están pendientes. Terminó en París los cuatro libros del *Comentario a las Sentencias de Pedro Lombardo*. Desea que las colecciones de las cuestiones cuodlibetales y las disputadas estén bien custodiadas y organizadas. Son temas de debate público que tienen un gran valor. Está próximo a acabar la *Suma contra gentiles*, a la que da prioridad.

Ya se ve la ciudad. Imponente la torre de la catedral, con sus cuatro o cinco pisos de arcos de medio punto y columnas románicas que parecen multiplicarse a medida que ascienden hacia el cielo. El recuerdo del gran Inocencio III perdura vivo. La acogida en Anagni fue cordial. Se hospedan en el convento de San Giacomo. El éxito en la corte pontificia y en su Estudio General ambulante, rotundo.

El Capítulo provincial de 1260, celebrado en Nápoles, había nombrado a fray Tomás de Aquino como predicador general. Eso significa más responsabilidades. Además de la docencia, se le confía colocarse en la vanguardia de la misión evangelizadora. Tomás habrá de ir de un lado a otro predicando y, también, ha de elaborar temas y contenidos para la predicación del resto de los frailes. El desempeño en esta tarea es arduo y comprometido. A partir de ahora tiene voz en todos los Capítulos provinciales.

Comienza un periplo personal y territorial difícil para cualquiera. Pero no para quien hace de lo ordinario algo extraordinario y de lo extraordinario algo normal. Aunque pocos lo notan, pues tiene en la humildad su grandeza. Anagni, Nápoles, Capua, Orvieto, Perugia, Viterbo, Roma, Todi, Lucca... Un enorme despliegue con incomparable eficacia.

El año siguiente se abre la incertidumbre. El 25 de mayo muere en Viterbo Inocencio IV. No había tenido la precaución de nombrar cardenales. Solo había ocho. Hasta el 29 de agosto no logran ponerse de acuerdo. Resultó elegido

Jacques Pantaleón de Court-Palais, un francés. Adopta el nombre de Urbano IV. Toma como primera medida el nombramiento de catorce nuevos cardenales, la mayoría franceses, uno de ellos fray Anibaldo dei Anibaldi.

Urbano IV no desea residir en Roma, pues han crecido las tensiones entre güelfos y gibelinos, nombre con el que se conoce a las dos facciones en liza: los partidarios de permanecer bajo la autoridad del Papa o los partidarios de la autoridad imperial. La corte papal se irá moviendo por diferentes lugares: Anagni, Orvieto, Viterbo, Fondi... Junto a la corte se movía también el Estudio Pontificio... y su profesor, fray Tomás de Aquino. La sede administrativa preferida de Urbano IV, sin embargo, será Orvieto. El convento de Santo Domingo es una casa pobre que funciona como convento de paso para los frailes que, por una razón u otra, prestan servicio en la curia pontificia. Tomás se mantiene ajeno a los asuntos políticos o administrativos. Se centra en escribir, enseñar y predicar.

Alberto el Grande, llega a Orvieto. Quiere presentar al Papa su renuncia como obispo que el anterior pontífice le impuso por obediencia. Había trabajado con celo apostólico, hasta lograr sanear los problemas y dotar a la diócesis de Ratisbona de una estabilidad y vitalidad nuevas. Nunca había deseado ser obispo y cree que es el momento oportuno para que otra persona asuma la tarea. Urbano acepta la renuncia, pero retiene al maestro Alberto junto a sí. Le gusta estar rodeado de sabios. Tomás y Alberto pueden dialogar. Revisan ampliamente sus conocimientos y la aplicación de Aristóteles. No pierden ni un minuto.

El cardenal Anibaldo goza de la amistad y confianza de Urbano IV. Recomienda al Papa que encargue al maestro Tomás un comentario continuo a los cuatro evangelios. Así ocurre. Inicia una colección a la que da el nombre de *Catena Aurea*, la *Cadena Dorada*. Cuatro comentarios encadenados sobre cada uno de los evangelistas, recogiendo la enseñanza de los santos Padres. Para llevarla a cabo, entreteje las observaciones patrísticas y añade las suyas propias. Una obra maestra. Va leyendo manuscritos por los diferentes conventos y abadías. La mayoría se los aprende de memoria, de modo que luego los puede reproducir como si los tuviera delante. Compila los diversos libros. Tiene cuidado en citar el nombre de cada autor y los libros de donde se ha tomado el testimonio. Al aducir los testimonios de los santos Padres es, por lo común, necesario cercenar algunas partes para no ser prolijos, o aclarar más el sentido e incluso cambiar el orden de algunos textos según conviene a la exposición. A veces se encuentra con traducciones defectuosas, como pasa mucho con el Crisóstomo. En su ánimo, no solo persigue el sentido literal sino también fijar el sentido místico, destruir los errores. Le parece necesario, ya que en el Evangelio se da sobre todo la forma de la fe católica y la regla de toda la vida cristiana.

Tomás escribe a un novicio que le pregunta por el deseo de Dios y el gozo pleno:

«Nuestro gozo será pleno cuando poseamos aquel bien en el cual están sobreabundantemente los bienes que podemos desear. Este bien es solo Dios, que colma de bienes nuestro deseo. Por eso dice: Pedidlo, para que vuestro gozo sea cumplido, a saber, disfrutar de Dios y de la Trinidad, después de lo cual no hay más».

El año 1263 es de una actividad febril... Trabaja en un comentario al evangelio de san Juan.

Urbano IV, elegido Papa siendo patriarca de Jerusalén, estaba muy interesado en lograr la reunificación de los cristianos orientales, separados por el desgraciado cisma de 1054. El emperador bizantino, Miguel VIII, comparte ese deseo y también muchos otros prelados vinculados a la sede de Constantinopla. El obispo de Crotona, Nicolás de Durazzo, hace de intermediario. Preparó una colección de textos que envió al emperador y, traducidos al latín, al Papa. Es un librito titulado *Sobre la fe en la Santísima Trinidad de los griegos*. Un compendio de textos de los Padres de la Iglesia de Oriente con el intento de mostrar que coincidían en la formulación de la fe con los de Occidente.

Algunos teólogos latinos estimaban que dicho escrito, más que ofrecer los puntos de comunión, presentaba, precisamente, un elenco de los errores de los griegos. Pero el Papa cree que es necesario un examen pericial. Urbano IV llama al maestro Tomás. Mientras entrega el escrito a fray Tomás, rogándole que lo examine y elabore un dictamen, repasa con él los puntos de conflicto.

Después de una lectura y estudio más atento, observa que las dificultades no son de índole doctrinal, sino que tienen que ver con las diferencias idiomáticas entre el griego y el latín y con que muchas de las propuestas surgieron en ambiente polémico. Observa que estos equívocos deben tenerse en cuenta a la hora de buscar el camino de la reconciliación y la unidad. Creemos lo mismo, aunque cada uno lo expresa en la peculiaridad de su lengua. Tomás elabora un cuidadoso dictamen para el Papa. Algunos copistas titularon el escrito como un opúsculo *Contra los errores de los griegos*. En realidad, es un correctivo de los malentendidos y una llamada a buscar la unidad visible de aquellos que profesan la misma fe, aunque la formulen y expliquen con diferentes palabras, de acuerdo con los conceptos que cada lengua maneja como propios. El Aquinate subrayará algunos aspectos esenciales, como por ejemplo la doctrina Trinitaria.

El Padre y el Hijo son uno; el Padre y el Hijo son un solo principio del Espíritu Santo. Él, el Hijo, es engendrado de la sustancia del Padre, si bien de manera distinta a los hijos de los hombres. La sustancia divina es indivisible, de ahí que el Padre, al engendrar al Hijo, no le transfiere una parte de su naturaleza, sino toda entera, permaneciendo la distinción únicamente por la relación de origen: paternidad-filiación. El Hijo procede por vía de entendimiento como Verbo y el Espíritu Santo por vía de voluntad como Amor. No se ama lo que no se conoce. El Hijo conoce al Padre y lo Ama. El Padre conoce al Hijo y lo Ama. Dios es el Padre que engendra al Hijo y lo Ama; el Hijo Ama y se da al Padre. El hecho de Darse y Amarse es el Espíritu Santo. Hay una mutua inhesión de las Tres Personas Divinas. Eso es Dios. No es Dios tripartito, sino Uno. Tan verdad católica es que el Espíritu Santo procede del Padre como que procede del Padre y del Hijo. Cada una de esas formulaciones se expresa en un contexto determinado y en una conceptualización propia de cada lengua. Eso quiere decir que el cisma con Oriente fue un lamentable malentendido, donde se mezclaron muchas cosas y donde ambas partes se equivocaron en la mutua comprensión. Sus efectos aún causan mucho dolor.

Otro de los asuntos de grave fricción era el problema del primado del Papa. Tomás argumenta que la Iglesia es parte del plan de Dios mismo. Forma parte del desplegarse del misterio, es decir, se sitúa dentro del designio original del Padre que envía a su Hijo, y con Él, comunica el Espíritu Santo. Por esto, la Iglesia no es algo que se añade después, sino que pertenece desde siempre al designio original. Se trata de participar en la comunión que tiene su arquetipo en la vida del misterio trinitario. La Trinidad es la causa eficiente principal de la Iglesia.

Cristo es la Cabeza de la Iglesia que es gobernada, conforme a la voluntad del Padre, gracias al Espíritu Santo. De ellos son testigos y principales supervisores los apóstoles y, sobre ellos, Pedro. Jesús da a todos los apóstoles el poder de atar y desatar, pero solamente le da las llaves a Pedro, por tanto, el poder de Pedro en ese sentido no es compartido por el resto. Luego es evidente que, si el romano pontífice es el obispo tenido como sucesor de san Pedro, tiene una primacía no solo de honor, sino también de servicio a la comunión de toda la Iglesia que, por su naturaleza, es Una, Santa, Católica y Apostólica. Eso no evita que puedan darse diferentes niveles de responsabilidad, pero siempre apoyados en lo que la Iglesia es, no en lo que los hombres desean a imagen de los reinos mundanos. Para Tomás es obvio que se ha de elucidar más el asunto para que la cuestión del primado romano no siga siendo causa de desunión, lo cual es contradictorio en sí mismo.

Otro de los aspectos en litigio era la cuestión del juicio de Dios sobre los hombres y, por tanto, la vida después de la muerte. Los novísimos, lo llamaban ellos. Tomás observa que hay un doble juicio divino después de la muerte: el juicio universal al final de los tiempos y el juicio particular a la muerte de cada hombre. Experimentamos de algún modo el juicio de Dios a través de las pruebas que nos brinda la vida, bien para el aumento de gracia o bien para el juicio de discernimiento por el que tendemos al bien y evitamos el mal. La muerte no es el fin de la vida, pues el alma es inmortal. Todos los hombres nacidos de Adán, hasta el final del mundo, verán a Cristo. Por una iluminación interior comprenderán el bien y el mal que han hecho. Como en la creación todo salió inmediatamente de Dios, así también hace falta que haya un último complemento en que cada uno recibe lo que le es debido.

El primer juicio es una retribución por lo que ha hecho en esta vida, con respecto al alma, y no con respecto a su cuerpo. El otro juicio le concierne en cuanto es un miembro de la humanidad. El último juicio lleva consigo la separación de los buenos y los malos. Para los buenos es un complemento, pues se añade un premio por la gloria adjunta del cuerpo resucitado. Los malos, al contrario, sufrirán mayor tormento por el castigo del cuerpo, que se añade a su pena y dolor interior y, en segundo lugar, por la presencia de tantos otros condenados. Al contrario, el gozo de los bienaventurados se aumenta por la vista de los demás bienaventurados. Todos los procesos en el mundo físico, así como la historia humana, llegarán a su fin con la resurrección de todos.

La primera retribución se hará individualmente, a medida que los hombres mueren cada uno a su turno. La segunda retribución tendrá lugar simultáneamente para todos, porque todos serán resucitados al mismo tiempo. Cualquier retribución a tenor de la diferencia de los méritos o la diversidad de las culpas exige un juicio. Por consiguiente, hay un doble juicio: el primero que adjudica premios o castigos a las almas separadamente, el segundo en cuanto se da a todos con respecto a sus almas y a sus cuerpos lo que han merecido. Cristo aparecerá al final de los tiempos en la forma de su naturaleza humana, que todos, tanto los malos como los buenos, podrán ver. La visión beatífica de Dios, la bienaventuranza eterna, se reserva a los justos. Entonces todas las cosas alcanzarán su estado definitivo y recibirán lo que les corresponda. El juicio particular está relacionado con el gobierno divino del mundo y se sitúa en la historia. La remuneración de algunos se retrasa por Dios en vista del bien de otros. A esto llamamos purgatorio. En el juicio final la historia llegará a su término y el sentido del devenir en el tiempo, que ahora nos está en gran parte escondido, llegará a ser manifiesto.

Gracias a Tomás, Oriente y Occidente soñaron con que la reunificación estaba muy cerca y se pusieron manos a la obra. Urbano IV se prometió a sí mismo generar todos los lazos diplomáticos y espirituales necesarios para facilitar que la unidad visible de la Iglesia volviera a ser una realidad, por el bien de todos.

Llega la Navidad. Tomás medita y predica sobre los desposorios de María y José. Le resulta una imagen entrañable y muy significativa. Sin embargo, hay diferentes corrientes populares, algunas promovidas por visiones muy estrechas del misterio de la encarnación, que llegan a poner en duda que lo de María y José pueda llamarse verdadero matrimonio.

—Ya san Bernardo de Claraval en una carta circular había advertido a los monjes del Císter que cesaran en las predicaciones malsonantes y exageradas sobre María, llegando a verdaderas expresiones soeces. Propasaban los límites de lo razonable y no se atenían a lo que dicen las Escrituras. Yo sostengo que no hace falta decir barbaridades para exaltar a la Madre de Dios ni todo lo que atañe al misterio maravilloso de la encarnación del Verbo. Soy de la opinión, y Buenaventura está conforme, de que es mejor evitar en la predicación tales frivolidades sobre María cuando, por otra parte, pueden decirse cosas auténticas y verdaderas sobre ella.

Como siempre, por estas fechas, aprovecha para escribir y predicar sobre diferentes aspectos del acontecimiento que la liturgia celebra.

—Siendo María, su madre, desposada con José... (Mt 1,18). ¿Existió verdadero matrimonio? Debe contestarse afirmativamente, porque allí existieron los tres bienes del matrimonio, a saber: la prole, el mismo Dios; la fidelidad, pues no existió ningún adulterio; y el sacramento, porque hubo unión indisoluble de las almas. Pero después, una vez que tomó esposo, conforme a lo que exigían las costumbres de aquellos tiempos, y después que hubo conocido que aquello era grato a Dios, de común acuerdo hizo con José voto absoluto de virginidad, y esto precisamente antes del anuncio del Ángel, pues respondió a este: ¿Cómo será esto, porque no conozco varón? (Lc 1,34), lo cual no hubiese dicho con verdad, si primero no hubiese dedicado su virginidad a Dios. Fue conveniente que Cristo naciese de una virgen desposada, ya por él mismo, ya por su madre, ya por nosotros. Puede haber además otro motivo para que la madre del Señor fuese desposada y virgen, el que en su persona fuesen honradas la virginidad y el matrimonio contra los que han atacado a la una y al otro.

Tomás es invitado a muchos coloquios de diversa índole y, además, está a punto de concluir la *Suma contra gentiles*.

Un sacerdote, llamado Pedro, originario de Bohemia, estaba celebrando la Misa en el lugar de sepultura de santa Cristina mártir. En su alma dudaba que hubiera una presencia real del Señor. En el momento de la fracción, empezó a manar sangre de las especies eucarísticas. El altar, los manteles e incluso el suelo se tiñeron de sangre. El milagro de Bolsena causó honda impresión. Su eco, y los manteles manchados, llegaron a las puertas del palacio papal de Orvieto. Por consejo de varios cardenales, Urbano IV pidió a Buenaventura, Ministro general de los franciscanos, ya que está de paso en Orvieto, y a Tomás, que reside en la ciudad, que preparen sendos borradores de una Liturgia para la eventual solemnidad del Corpus Christi.

Apenas pasa un mes y medio, el Papa convoca a ambos maestros a una audiencia en presencia de algunos cardenales y otras personas. El secretario del Papa recoge el escrito de Tomás. El Santo Padre lo lee por encima. Un gesto de sorpresa recorre su rostro... Tras un breve tiempo de silencio, entrega el documento a un cardenal diácono y le pide que lo lea en voz alta. Todos se percatan de que fray Tomás de Aquino está poniendo a la vista de aquella magna asamblea su propia alma, su fe y cómo él contempla, desde lo más íntimo de su ser, el maravilloso acontecimiento diario que es la Eucaristía. Acabada la lectura de la propuesta de Tomás, el Papa le pide al Ministro general de los Frailes Menores que entregue el suyo. Fray Buenaventura se excusa:

—Santidad, perdonadme. Mientras escuchaba la propuesta del maestro Tomás, rompí lo que yo había preparado.

El día 11 de agosto de 1264, Urbano IV firma la bula llamada *Transiturus de hoc mundo*, que entró en vigor el 8 de septiembre. Instituye para toda la Iglesia la solemnidad del Corpus Christi, a celebrar según el oficio litúrgico compuesto por fray Tomás de Aquino... que es el mismo hasta el día de hoy.

La muerte de Urbano IV en Perugia, el 2 de octubre de 1264, pilló de sorpresa a muchos. Los cardenales, una vez hechas las honras fúnebres, son convocados para la elección de un sucesor. Resulta que urgen a que el cardenal Guido Foulques acuda inmediatamente a la sede donde los electores están reunidos. Fue consejero de Luis IX de Francia y, después de la muerte de su esposa, entró en un convento franciscano. En 1256 había sido ordenado sacerdote. Un año después fue elegido obispo de Le Puy y luego arzobispo de Narbona. En ese momento se encontraba en Inglaterra en misión diplomática.

El cardenal Guido llega a Perugia a mediados de febrero de 1265. Se le comunica que ha sido elegido por unanimidad como Papa. Acepta con el nombre de Clemente IV. Inicia su pontificado el 15 de febrero de ese año. Prefirió establecer su centro administrativo en Viterbo.

Como cada año, se reúne el Capítulo provincial de la Provincia romana. Este de 1265 instituye un nuevo oficio: Regente de Estudios. Deciden que el maestro Tomás de Aquino se haga cargo del Estudio Provincial de Roma, situado en el convento de Santa Sabina. Había sido fundado en 1222 como centro de formación para los religiosos jóvenes. Ahora se desea aplicar las normas del Capítulo general de Valenciennes y ¿quién mejor que uno de los peritos que redactó el nuevo itinerario formativo para toda la Orden? En Santa Sabina, Tomás intentará aplicar el nuevo sistema.

Primeramente, utiliza las *Sentencias* de Pedro Lombardo como método de enseñanza, clásico por otra parte. Piensa en elaborar una segunda edición de sus *Comentarios*, ya publicados en París. Sin embargo, la experiencia en el aula y la libertad que le da ser Regente de Estudios le llevarán a tomar una feliz decisión.

Clemente IV nombra a Tomás teólogo de la casa pontificia; quiere que sea también arzobispo de Nápoles y beneficiario de las rentas de la abadía de San Pedro de Ara. Tomás rehúsa. Además, le transmite al Papa su deseo de escribir una gran obra enciclopédica como manual para estudiantes, una *Suma*. Le cuenta que ha comprobado que los que se inician en los estudios teológicos tropiezan con graves dificultades. Esto se debía, en parte, a que en las aulas se multiplican las cuestiones, artículos y argumentos inútiles. Aquello que necesitan saber no se expone según exige el buen método, sino según lo va pidiendo la exposición de los libros que se comentan o según lo requiere la oportunidad de las controversias.

Concibe el plan de esa *Suma de Teología* de la siguiente manera: Dios considerado en sí mismo y como principio y fin de toda realidad, que desciende de Él y vuelve a Él, gracias a la mediación de Jesucristo Salvador. El hombre, imagen y semejanza de Dios, es receptor e interlocutor de Dios mismo, revelado en Jesucristo y mediando el Espíritu Santo, a cuyo misterio y a cuya vida nos referimos en el desempeño del ministerio en el logro de la bienaventuranza eterna.

El Papa comprende que debe dejar a Dios realizar su obra por medio de aquel hermano predicador, humilde, inteligente, bueno y verdaderamente entregado a la causa de Dios y a la salvación de las almas. De nuevo predicación y docencia. No falta la itinerancia, ni el mendigar del pan.

Durante la Cuaresma predica intensamente en muchas iglesias y en las cuatro basílicas de la Urbe. La homilía de Viernes Santo, en Santa María la Mayor, impacta en toda la ciudad. Habló sobre el amor incondicional de Dios al hombre y la ingratitud de este. Hubo de detenerse en muchas ocasiones debido al llanto constante de los presentes. La homilía del siguiente Domingo de Pascua se dedicó a la gloria de Cristo y a la alegría de aquellos que se levantan con Él en gracia; sus palabras embriagaron de gozo a la gente. Tomás no deja de orar, estudiar y escribir. No desatiende las consultas que le llegan por carta desde todas partes.

La duquesa Margarita de Flandes, hija del rey Luis IX, le pide consejo sobre el modo de tratar a los numerosos judíos de su señorío. Tomás de Aquino le contesta con su opúsculo *De Regimine Iudaeorum*.

El Patriarca de Antioquía, el dominico Cristiano Elías, le envía al chantre de su Iglesia con una multitud de dificultades teológicas surgidas de la interacción con los cristianos orientales (griegos y armenios) y los sarracenos. Fruto de su respuesta es el opúsculo *De Rationibus Fidei contra Saracenos, Graecos et Armenios ad Cantorem Antiochenum*.

El nuevo Maestro de la Orden, Juan de Vercelli, se dirige a Tomás por carta para consultarle 108 cuestiones que le preocupan. Son proposiciones del maestro Pedro de Tarantasia, al que muchos acusaban de heterodoxo. En su respuesta, comenta una a una cada proposición defendiendo su plena catolicidad. También le consulta asuntos del gobierno de la Orden.

Leonardo dei Conti, arzobispo de Palermo, le pide un resumen teológico sobre los artículos de la fe y los sacramentos de la Iglesia, contestado con su *De Articulis Fidei et Ecclesiae Sacramentis*.

Próximos a la Navidad de 1265, el cardenal Ricardo Annibaldi, tío del que fue su bachiller y sucesor en París, amigo y hermano de hábito, fray Anibaldo, hospeda al predicador general, fray Tomás de Aquino, en su castillo de La Molaria, al oeste de Frascati, en la Vía Latina. Es un lugar apacible, rodeado de bonitos bosques. Ideal para un alto en el camino. Hay muchos huéspedes: prelados, seglares, nobles... La tarde del 24 de diciembre llegan dos conocidos judíos amigos del cardenal, habituales en su castillo. Se entabló un diálogo entre Tomás y los dos judíos. Un debate sobre el Antiguo Testamento y la venida de Jesucristo, el Mesías redentor de los hombres, anunciado por los profetas. El alba sorprende a fray Tomás orando. Los dos hombres, acompañados por fray Reginaldo, se dirigen al predicador, a quien solicitan el bautismo.

Hugo II, rey de Chipre, recibe una carta de Tomás en la que le incluye un tratado *Sobre el gobierno de los príncipes*. Es un tratado sobre teología política. El maestro Tomás concibe que la ciencia política tiene por objeto la ordenación de los hombres en la convivencia social, es decir, al bien común. La política es una actividad racional y, por tanto, se distingue de la fe. La razón, por sí misma, tiene capacidad para el orden metafísico y ético y no está limitada a lo sensible y material. El poder político no es un absoluto porque está sujeto a la moral. El ser humano, como todo ser natural, funciona buscando el fin que le es propio, en su caso, la felicidad.

Ahora, alcanzar la felicidad por sí mismo es imposible, porque el individuo no tiene las herramientas naturales para la autosuficiencia aislada, por lo que necesita agruparse. Cada uno busca la felicidad según sus propias consideraciones y esto genera una diversidad que puede desembocar en conflicto si no está bien encauzada, por lo que se hace necesaria la existencia de un gobierno que ponga un orden a los distintos fines particulares y los encamine al bien común. La luz de la fe aporta los elementos morales necesarios para que la política se desarrolle adecuadamente, ordenada el bien. Luego la religión ha de ser por ello independiente del poder político.

El maestro Tomás enseña que dos elementos componen el bien común: el orden jurídico, asegurando la paz social; y los servicios prestados por la sociedad política a través de sus responsables, para subsidiar a los individuos y a los grupos que la integran. Pero es necesario ir más allá de las realidades terrenas, ya que el hombre está en este mundo como viajero. La sociedad en la que vive ha de contribuir para que pueda alcanzar su destino trascendente: la eterna bienaventuranza que le espera después de la muerte. Se trata de la finalidad personal del hombre, respecto a la cual el fin de la sociedad política es un fin inferior.

Recogiendo lo que dice Aristóteles, se ha de distinguir entre las tres formas de gobierno: monarquía, aristocracia y democracia. La monarquía realiza el ideal de la unidad del gobierno. En la aristocracia se destaca la élite dirigente, constituida por los hombres más aptos para la dirección de la cosa pública. Por último, la democracia da a todos la posibilidad de ser oídos, atendiéndose, de ese modo, los intereses y las aspiraciones del cuerpo social. Se trata de objetivos que es de desear sean siempre alcanzados en plenitud por cualquier gobierno, para el buen orden social. En consecuencia, el mejor régimen será el que resulte de una combinación entre los tres. Ya Aristóteles oponía a las formas legítimas de gobierno las formas corrompidas. La corrupción de la realeza es la tiranía; la oligarquía, la de la aristocracia; y el régimen popular o *«politeia»* es la corrupción de la democracia. Hay que tener en cuenta que cada pueblo es variable y tiene unas características que le son peculiares. Si un pueblo es moderado, sensato y guardián diligente de la utilidad común, es justa la ley hecha para que a tal pueblo le sea lícito elegir sus magistrados para administrar los asuntos públicos. Pero si ese mismo pueblo, maleado poco a poco, convierte en venal su sufragio y entrega el gobierno a hombres criminales y pervertidos, en ese caso es justo quitarle la potestad de otorgar honores, para dejarla a la moderación de unos pocos selectos y sabios. La tiranía, sea monárquica, oligárquica o populista, es un gran mal.

Llegó una carta de fray Raimundo de Peñafort, agradeciendo a Tomás la *Suma contra gentiles* y dándole cuenta de los buenos frutos que se estaban cosechando gracias a ese tratado, una de sus obras más emblemáticas y que mejor reflejan su modo de razonar y su sabiduría.

Célebre fue la predicación de la Cuaresma de 1266 en Viterbo ante el Papa, la curia, los obispos y el pueblo fiel. El convento de Santa María de Gradi, fundado por santo Domingo, lo acoge muchas veces. El papa Clemente IV se confiesa con fray Tomás y departe con él.

El Capítulo provincial de la Provincia romana, ese mismo año de 1266, designa a fray Tomás como perito para el Capítulo general que tendría lugar el año siguiente en Bolonia.

De camino a Bolonia, predica, dicta y corrige libros, ora, escucha... La madre de fray Reginaldo cuenta muchas veces a sus vecinas que cuando las gentes del campo ven a los predicadores e identifican a fray Tomás, dejan sus quehaceres y se le acercan con grandes muestras de afecto y alegría. Les llama la atención su atractivo, a decir de las mujeres. Alto, bien erguido, elegante, solo calvo en la zona de la frente, voz sonora y agradable... Más aún les cautiva la belleza de su alma, la grandeza de su personalidad y cómo predica la Palabra de Dios, cómo los anima, los escucha y consuela invitándoles siempre a seguir a Jesucristo y a mirar hacia el Reino eterno.

Fray Santiago de Viterbo está en Bolonia. Se cruza con el maestro Tomás y le agradece su ayuda con los dos opúsculos que le envió para poder ejercer su cargo como lector en Verona.

Volvió a ocurrir el episodio ya vivido en París. Un religioso desconocido se lo encuentra en el claustro y le pide que lo acompañe. Tomás no duda en ir con el hermano. Cuando el religioso se da cuenta de quién es su socio, no oculta su bochorno. Tomás le tranquiliza, él es un fraile más y como tal ha de comportarse.

El 24 de mayo de 1267, la iglesia de San Nicolás de Bolonia está repleta de fieles. El humilde féretro donde descansan los restos de santo Domingo de Guzmán, canónigo de la catedral de Osma y fundador de la Orden de Predicadores, es extraído del sepulcro donde fue colocado el 24 de mayo del ya lejano 1233. Era el mismo féretro de pino con un pequeño agujero por el que aquel día glorioso surgió un delicioso perfume que puso en evidencia la santidad de aquel gran varón apostólico. Fray Bartolomé de Braganza, obispo, presidió la ceremonia, asistido del Maestro de la Orden fray Juan de Vercelli, fray Giacomo de Verazze y todos los frailes del Capítulo general. Otros, más de 500, están presentes. Se siguió un rito parecido al de aquel primer traslado de su lugar original de enterramiento. El féretro fue colocado sobre el altar y abierto. Aún se notaba el perfume de 1233. El obispo tomó en sus manos el cráneo del venerado patriarca y lo expuso a la devoción de los presentes. Fray Reginaldo y fray Tomás no pudieron ocultar sus lágrimas al tocar y besar la preciada reliquia. El obispo y sus asistentes cerraron el ataúd y lo depositaron en el mausoleo de mármol blanco bellamente tallado por Nicolás de Pisa, con escenas de la vida del santo. La cabeza fue depositada en un relicario de plata y colocada en un lugar especial, para la piedad ordinaria de los fieles.

En la clase, en Roma, Tomás responde a la cuestión de si es demostrable la existencia de Dios:

—Toda demostración es doble. Una, por la causa, que es absolutamente previa a cualquier cosa. Otra, por el efecto, que es lo primero con lo que nos encontramos; pues el efecto se nos presenta como más evidente que la causa, y por el efecto llegamos a conocer la causa. Por cualquier efecto puede ser demostrada su causa. De donde se deduce que la existencia de Dios, aun cuando en sí misma no se nos presenta como evidente, en cambio sí es demostrable por los efectos con que nos encontramos.

De pronto, alguien plantea una pregunta directa:
—Maestro, ¿existe o no existe Dios?

Jamás elude el maestro ninguna pregunta, y siempre se toma muy en serio cuanto se le plantea. Respeta la inquietud intelectual de cualquier persona. Su respuesta, plasmada en la *Suma Teológica* es bien conocida: las famosas cinco vías.

«El movimiento». La primera y más clara es la que se deduce del movimiento. Pues es cierto, y lo perciben los sentidos, que en este mundo hay movimiento. Todo lo que se mueve necesita ser movido por otro. Pero si lo que es movido por otro se mueve, necesita ser movido por otro, y este por otro. Este proceder no se puede llevar indefinidamente, porque no se llegaría al primero que mueve, y así no habría motor alguno, pues los motores intermedios no mueven más que por ser movidos por el primer motor. Por lo tanto, es necesario llegar a aquel primer motor al que nadie mueve. En este, todos reconocen a Dios.

«Causa eficiente». La segunda es la que se deduce de la causa eficiente. Encontramos que en el mundo sensible hay un orden de causas eficientes. Sin embargo, no encontramos, ni es posible, que algo sea causa eficiente de sí mismo, pues sería anterior a sí mismo, cosa imposible. En las causas eficientes no es posible proceder indefinidamente porque en todas las causas eficientes hay orden: la primera es causa de la intermedia; y esta, sea una o múltiple, lo es de la última. Puesto que, si se quita la causa, desaparece el efecto, si en el orden de las causas eficientes no existiera la primera, no se daría tampoco ni la última ni la intermedia. Si en las causas eficientes llevásemos hasta el infinito este proceder, no existiría la primera causa eficiente; en consecuencia, no habría efecto último ni causa intermedia; y esto es absolutamente falso. Por lo tanto, es necesario admitir una causa eficiente primera. Todos la llaman Dios.

«Contingencia y necesidad». La tercera es la que se deduce a partir de lo posible y de lo necesario. Encontramos que las cosas pueden existir o no existir, pues pueden ser producidas o destruidas, y consecuentemente es posible que existan o que no existan. Es imposible que las cosas sometidas a tal posibilidad existan siempre, pues lo que lleva en sí mismo la posibilidad de no existir, en un tiempo no existió. Si, pues, todas las cosas llevan en sí mismas la posibilidad de no existir, hubo un tiempo en que nada existió. Pero si esto es verdad, tampoco ahora existiría nada, puesto que lo que no existe no empieza a existir más que por algo que ya existe. Si, pues, nada existía, es imposible que algo empezara a existir; en consecuencia, nada existiría; y esto es absolutamente falso. Luego no todos los seres son solo posibilidad; sino que es preciso algún ser necesario. Todo ser necesario encuentra su necesidad en otro, o no la tiene. Por otra parte, no es posible que en los seres necesarios se busque la causa de su necesidad llevando este proceder indefinidamente, como quedó probado al tratar las causas eficientes. Por lo tanto, es preciso admitir algo que sea absolutamente necesario, cuya causa de su necesidad no esté en otro, sino que Él sea causa de la necesidad de los demás. Todos le dicen Dios.

«Grados de perfección». La cuarta vía se toma de los grados de perfección que se encuentran en las cosas. Pues se encuentra en las cosas algo más y menos bueno y verdadero y noble, y así otras cosas semejantes. Pero este *más* y este *menos* se dice de las cosas en cuanto que se aproximan *más* o *menos* a lo máximo. Así, caliente se dice de aquello que se aproxima más al máximo calor. Hay algo, por tanto, que es verísimo y óptimo y nobilísimo; y, en consecuencia, es el máximo ser; pues las cosas que son máximamente verdaderas son máximamente seres, como se dice en el segundo libro de la *Metaphysica*. Pero lo que es máximamente tal en algún género es la causa de todas las cosas que son de ese género, como el fuego, que es el máximo calor, es causa de todos los calores (como se explica en el mismo libro), del mismo modo hay algo que en todos los seres es causa de su ser, de su bondad, de cualquier otra perfección, y a este le llamamos Dios.

«Finalidad». La quinta se deduce a partir del ordenamiento de las cosas. Pues vemos que hay cosas que no tienen conocimiento, como son los cuerpos naturales, y que obran por un fin. Esto se puede comprobar observando cómo siempre o a menudo obran igual para conseguir lo mejor. De donde se deduce que, para alcanzar su objetivo, no obran al azar, sino intencionadamente. Las cosas que no tienen conocimiento no tienden al fin sin ser dirigidas por alguien con conocimiento e inteligencia, como la flecha por el arquero. Por lo tanto, hay alguien inteligente por el que todas las cosas son dirigidas al fin. Le llamamos Dios.

Concluye la clase con un aviso, digámoslo así, metodológico. La existencia de Dios y otras verdades que de Él pueden ser conocidas por la sola razón natural, tal como dice Rom 1,19, no son artículos de fe, sino preámbulos a tales artículos. Pues la fe presupone el conocimiento natural, como la gracia presupone la naturaleza, y la perfección lo perfectible. Sin embargo, nada impide que lo que en sí mismo es demostrable y comprensible, sea tenido como creíble por quien no llega a comprender la demostración. Por otro lado, los nombres dados a Dios se fundamentan en los efectos. De ahí que, demostrado por el efecto la existencia de Dios, podamos tomar como base lo que significa este nombre *Dios*. Por efectos no proporcionales a la causa no se puede tener un conocimiento exacto de la causa. Sin embargo, por cualquier efecto puede ser demostrado claramente que la causa existe, como se dijo. Así, por efectos divinos puede ser demostrada la existencia de Dios, aun cuando por los efectos no podamos llegar a tener un conocimiento exacto de cómo es Él en sí mismo.

La humildad de Tomás y su vivencia interior se captan perfectamente en las oraciones que él mismo componía. Por ejemplo, la que recitaba siempre después de celebrar la Misa:

—Te doy gracias, Señor santo, Padre omnipotente, eterno Dios, porque a mí, pecador, indigno siervo tuyo, sin mérito alguno de mi parte, sino por pura decisión de tu misericordia, te has dignado alimentarme con el precioso Cuerpo y Sangre de mi Señor Jesucristo. Te suplico que esta sagrada comunión no me sea ocasión de castigo, sino intercesión saludable para el perdón: sea armadura de mi fe, escudo de mi buena voluntad, muerte de todos mis carnales apetitos, y aumento de caridad, paciencia y verdadera humildad, y de todas las virtudes. Sea perfecto sosiego de mi cuerpo y de mi espíritu, firme defensa contra todos mis enemigos, visibles e invisibles, perpetua unión contigo, único verdadero

Dios, y sello de mi muerte dichosa. Te ruego que tengas a bien llevar a este pecador a aquel banquete inefable, donde tú, con tu Hijo y el Espíritu Santo, eres para los santos luz verdadera, gozo perdurable, dicha consumada y felicidad perfecta. Por el mismo Cristo, nuestro Señor. Amén.

Entre las cuestiones disputadas terminadas en esos años se cuentan *De Spiritualibus Creaturis, De Anima, De Virtutibus in Communi, De Caritate y De Verbo Incarnato*. Además, inicia la segunda parte de la *Suma*. También inicia el comentario a la *Metafísica* de Aristóteles. Reginaldo de Piperno lo coordina todo. Varios amanuenses copian al dictado del maestro Tomás. Él lo revisa todo, corrige y glosa. Luego el secretario ordena los materiales y, tras una última supervisión de fray Tomás, llega el turno de los copistas para que los libros puedan llegar cuanto más lejos mejor.

Segunda docencia en París (1268-1272)

En la segunda mitad de noviembre, fray Tomás sale de Viterbo en dirección a París. El Maestro de la Orden, fray Juan de Vercelli, se lo manda expresamente. Dos graves problemas hay allí. El recrudecimiento de la polémica entre seculares y mendicantes y el problema de los averroístas. El superior general estimó que el Aquinate es la persona adecuada para afrontarlos. No es normal que se envíe a un profesor a regentar por segunda vez la misma cátedra, pero nadie se extraña de que esto pase con el maestro Tomás.

La obediencia obliga. Va a París. Pero no seguirá una ruta directa. La plantea como una peregrinación. Primero a Bolonia y luego a Milán.

El 2 de diciembre Tomás predica en Bolonia, es el primer domingo de Adviento. Tras visitar la tumba de santo Domingo, el 9 de diciembre, predica en Milán. Visita, además, la tumba de san Pedro de Verona, que está en la iglesia de San

Eustorgio. No se demoran mucho y dirigen sus pasos hacia el Mediterráneo.

La proximidad del invierno no aconsejaba cruzar los Alpes. Además, la ruta del Gran San Bernardo permanece cerrada desde final de octubre. El 16 de diciembre fray Tomás predica en Génova.

La nave parte hacia Marsella y, luego, remontará el Ródano hasta Arlés y Lyon. Desde Lyon alcanzarán París a pie. Un viaje plácido. La travesía brinda un tiempo precioso para escribir, rezar y tener conversaciones edificantes. Tomás dicta tratando, sin equivocarse, de diferentes cuestiones. No es raro que sus secretarios o los copistas hagan preguntas. Siempre toman nota de las respuestas. Fray Tomás pronuncia una oración que quedó grabada, como en letras de oro, en el alma de quienes la oyeron:

—Alma santísima de Cristo, santifícame. Cuerpo sacratísimo de Cristo, sálvame. Sangre preciosísima de Cristo, embriágame. Agua purísima del costado de Cristo, purifícame. Sudor omnipotente del rostro de Cristo, sáname. Pasión de Cristo, confórtame. Oh buen Jesús, custódiame. Dentro de tus llagas, escóndeme. No permitas que me separe nunca de ti. Del enemigo malo, defiéndeme. En la hora de mi muerte, mándame ir a ti y ponme a tu lado para que con tus ángeles y arcángeles haga subir mis alabanzas a ti, por los siglos de los siglos. Amén.

La ciudad de Lyon recibe el barco con curiosidad. Los religiosos se dirigen al convento de los predicadores. Gerardo de Frachet los recibe con alegría. Allí se enteran de que la elección de sucesor de Clemente IV se complica. Demasiados intereses en juego.

El día 1 de enero de 1269, Gerardo de Abberville predica sobre la necesidad de que la Iglesia tenga un patrimonio propio, condenando como herética la pobreza proclamada por los mendicantes. Pocos días después, llega Tomás de Aquino a París.

El convento de Santiago sigue siendo un referente y sigue gozando del prestigio de siempre. Son recibidos con mucha alegría y esperanza. Enseguida, tras la Epifanía, el maestro Tomás toma posesión y comienza las clases, a pesar de que los seculares están en huelga como protesta contra los mendicantes. Nada nuevo bajo el sol.

En la cátedra de los franciscanos se sienta un religioso también recién llegado a París, llamado Juan Peckham. Más joven que Tomás, con buena reputación, aunque colérico de carácter. El maestro Buenaventura lo trajo como apoyo para defender a los franciscanos de los ataques.

En cuanto hubo oportunidad, Buenaventura y Tomás se vieron. Compartieron puntos de vista y conversaron sobre las diferentes iniciativas a tomar. Buenaventura, además, le contó que estaba trabajando en varias obras, especialmente en una vida de san Francisco de Asís. Entendía que era necesario que los Hermanos Menores superaran las fuertes divisiones internas, a las que estaban continuamente expuestos, por las malas interpretaciones de la vida y la espiritualidad de su seráfico fundador.

—Siempre las interpretaciones, hermano mío. ¿Cuándo nos ajustaremos a la simplicidad de la verdad? El seráfico Francisco no hizo más que seguir a Jesucristo, desprendido hasta de sí mismo. ¡Qué difícil es a los soberbios y amantes de las riquezas, aunque sean clérigos, conocer y vivir en la verdad!

Pasado un tiempo, otro día, Tomás de Aquino fue a visitar a Buenaventura. Entró en el convento franciscano y con toda naturalidad se dirigió a la celda de su amigo. Llama y accede. El seráfico doctor está tan concentrado escribiendo sobre san Francisco de Asís que no se percata de la presencia del dominico. Tomás se da cuenta y no desea molestarlo. Con discreción, cierra la puerta de la celda y se dirige al hermano portero que le acompaña:

—El hermano Buenaventura está muy ocupado. Dejemos que un santo escriba de otro santo. No lo interrumpamos.

Las clases se suceden con normalidad, en lo que respecta a la cátedra cuyo titular es el maestro Tomás de Aquino. La masiva afluencia de estudiantes, e incluso de maestros, pone en evidencia que no es un desconocido y que su prestigio está fuera de duda.

Eveno Granit, sacerdote secular de Trégier, forma parte de los ayudantes parisinos de Tomás. Los prelados y otras personas que están por París de visita, en cuanto saben que hay un debate público, participan en él. Algunos no dominan el latín. En el convento de Santiago se toma la precaución de que algunos frailes les presten ayuda transcribiendo a sus lenguas los argumentos, pero siempre tienen la dificultad de que la precisión con la que habla el maestro no es fácilmente trasladable fuera del elegante latín y, si no se tiene cuidado, se pueden generar malentendidos lamentables y de nefastas consecuencias. Hubo de buscarse un aula más grande. Estos debates públicos a veces se alargan en el tiempo, no es raro dedicar dos días. Incluso pueden surgir nuevos interrogantes. Fray Tomás los aprovecha, recogiéndolos en la gran obra que tiene entre manos, la *Suma Teológica*, pero también los registra en las colecciones cuodlibetales. Fray Reginaldo hace muy bien su trabajo.

Meses después, Gerardo de Abberville publica un libro titulado *Contra el adversario de la perfección cristiana*. En realidad, lo tenía escrito desde 1257 pero la condena de Guillermo de Saint-Amour no le aconsejó publicarlo. Ahora que hay sede vacante en Roma y que la elección del nuevo Papa se está retrasando, considera que es su oportunidad. Nicolás de Lisieux le apoya y, tras ellos, muchos otros profesores clérigos seculares de la Universidad de París. Vuelven las huelgas y el hostigamiento. El obispo de París, Esteban Tempier, se ve envuelto en la polémica pues quiere solucionar no solo aquel entuerto, sino también el de los averroístas, que va en paralelo.

Las cuestiones cuodlibetales se prodigan. Tomás no solo no las elude, sino que las responde con magistral inteligencia y sabiduría. Las cuestiones se refieren primordialmente a temas sobre la vida de perfección cristiana, el papel de las órdenes religiosas y los debates sobre los que mantienen un aristotelismo radical, apoyado en la filosofía averroísta, es decir, una visión más materialista de la vida cristiana. El profesor de Artes, Siger de Bravante, está implicado en esa corriente de pensamiento.

El escrito de Gerardo de Abberville critica la vida religiosa, los votos, el sentido del carisma propio, y señala la pobreza como opción de vida contraria a la vida evangélica y a la sana pastoral. Denuncia, en definitiva, a las órdenes mendicantes como contrapuestas a la perfección cristiana.

Tomás entiende que es el momento de pasar a la acción, para contrarrestar y superar la crisis que se agudiza. El día 14 de julio de 1269, fray Tomás de Aquino predica en la Universidad. La expectación es máxima. La amplia y luminosa nave enmarca el sermón. Su aspecto es serio pero sereno cuando sube al púlpito. Fue un sermón impactante contra los falsos profetas y los nuevos fariseísmos.

Al convento de Santiago llegó el eco de aquel intenso sermón.

—Es una reacción para denunciar la hipocresía de los que pretenden denunciar a los mendicantes como contrarios a la perfección cristiana. La hipocresía se mueve en el ámbito de la mentira y funciona con su lógica. Las dos fuentes de la hipocresía son la vanagloria y el lucro. Lo que les motiva no es el culto a Dios por el amor de su Nombre, sino por el aplauso de los hombres. La hipocresía es hija de la soberbia. ¿A quién aprovecha la mentira, sino al propio mentiroso? El hipócrita busca su interés únicamente. Lo orienta todo a sus fines. No le interesa el bien de las almas, ni el bien de la Iglesia, ni la verdad. Se jacta de sabio y honesto y con eso seduce a otros. La seducción que consigue la convierte en confusión que deriva en persecución hacia los pobres, en nuestro caso hacia los que lo dejan todo para dedicar su vida y su ciencia a la búsqueda de la verdad y a la difusión de la fe cristiana. Para neutralizar la hipocresía es necesario el arte del discernimiento que, a tiempo, avise del peligro. No debemos disfrazarnos, sino vivir honestamente la vida cristiana y nuestra consagración específica para poner en evidencia la doblez de los que se muestran como enemigos de la verdad y de la fe.

Reginaldo, Tolomeo y Guillermo se ponen manos a la obra. Además de continuar con la *Suma Teológica*, se ha de elaborar una respuesta a Gerardo de Abberville y al resto de los profesores contrarios a los mendicantes. El contacto con Buenaventura y con Juan Peckham es importante, pues ellos también están interesados en responder por escrito a las acusaciones y amenazas. Hay movimientos al respecto.

A finales de año sale el libro *De la perfección de la vida espiritual*, donde Tomás de Aquino hace una defensa contundente de la vida religiosa y, específicamente, de los mendicantes. Buenaventura publica, por su parte, *Apología de los pobres*, secundado por Juan Peckham con su *Tratado de los pobres*.

Tomás quiere hacer algo que sea más que respuesta a una polémica, una afirmación de la identidad de la vida religiosa mendicante en la Iglesia, así como una defensa del ministerio sacerdotal de los seculares honestamente vivido. Quiere colocarse por encima de la reyerta y evitar entrar en su terreno. Tal vez sea más eficaz fijar una doctrina clara sobre el valor de la vida religiosa como respuesta a los dones del Espíritu Santo, frente a una comprensión del servicio eclesial ligado a intereses lucrativos y a la vanagloria.

Apenas se pusieron en circulación los diferentes escritos de réplica, Nicolás de Lisieux publica *De la perfección del estado clerical*. Un alegato de propaganda que intenta disuadir a los jóvenes de abrazar la vida religiosa, presentando como más perfecta la vida del sacerdocio secular. Un ataque frontal y violento. Acusa, entre otras cosas, a los mendicantes de aceptar la entrada en la vida religiosa a jóvenes que no tienen la edad canónica prevista para ello, presentándolos como una oferta de vida cristiana fraudulenta. Así mismo, enumera 23 errores que dice haber encontrado en la réplica anterior del Aquinate.

No deja de preguntarse cómo es posible que alguien, un sacerdote, pueda ser tan ciego como para no ver que está cerrando caminos al Espíritu Santo. Tomás responde a Nicolás de Lisieux con rapidez y claridad. *Contra la pérfida doctrina de los que quieren retraer a los hombres de ingresar en la vida religiosa*, escrito que pronto se conocerá bajo el título de *Contra retrayentes*. Fue una respuesta contundente.

> «Dicen, en primer lugar, que nadie debe asumir la observancia de los consejos, si con anterioridad no se ejercitó durante largo tiempo en la observancia de los mandamientos. De acuerdo con esta enseñanza, a los niños, a los pecadores, a los recién convertidos a la fe, les está vetado el camino de una veloz marcha hacia la perfección. Añaden, en segundo lugar, que nadie debe asumir el camino de los consejos sin contar previamente con el parecer de muchos. Nadie en su sano juicio deja de ver el enorme impedimento que esto implica para caminar hacia la perfec-

ción. Los consejos de hombres mundanos, que son mayoría, más fácilmente impulsan el abandono de lo espiritual que a buscarlo con empeño. Buscan, igualmente, modos de anular el deber de entrar en religión, con lo cual no se robustece la decisión de asumir caminos de perfección. Por último, no tienen reparo en desacreditar, de varios modos, la pobreza».

Los argumentos de Gerardo de Abberville, secundado por Nicolás de Lisieux hacen gala de una tremenda confusión conceptual, por un lado, y de una pobre comprensión del misterio cristiano por otro. Fray Tomás de Aquino aclara que los preceptos evangélicos, que son Amor a Dios y al prójimo, no solo no son antagónicos respecto a los consejos evangélicos (que son pobreza, castidad y obediencia) sino que estos últimos significan y promueven el mejor cumplimiento y desarrollo del doble mandato principal cristiano.

Concluye el escrito con unas palabras duras, inhabituales en él, desdeñando lo pueril y barriobajero de la campaña contra los mendicantes, que, en realidad, es un ataque contra la perfección cristiana que brota de la fe como una llamada del Espíritu Santo a la santidad. A la vez, reta a los antimendicantes a un debate serio, cara a cara, no panfletario ni chismoso.

«He escrito lo que por ahora era necesario contra la errónea y pestífera doctrina de aquellos que intentan disuadir del ingreso en el estado religioso. Si alguno quiere rebatir alguna cosa, que lo haga. Pero no chismorreando y chillando delante de los niños, sino que escriba y proponga en público lo que ha escrito, para que lo que dice de verdadero pueda ser valorado por quienes disponen de suficiente inteligencia, y lo que es erróneo pueda ser refutado por la autoridad de la verdad».

Esta segunda estancia en París está resultando estresante. No por la merma de la capacidad de trabajo de Tomás de Aquino, sino por el volumen de frentes que están abiertos. Además de las clases, de las consultas y de lo que hay que escribir, como predicador general ha de preparar y predicar sermones cuaresmales. Además, ha de elaborar esquemas de predicación para los demás religiosos y sacerdotes.

Cierto día, el rey Luis IX cursó invitación al prior de los dominicos de París para participar en una cena de gala. Le pidió expresamente que la hiciera extensible a fray Tomás, a quien no le hizo gracia la propuesta. De hecho, frunció un poco el ceño, no por desaire hacia el rey sino porque no le gustaban esos eventos y prefería estar con sus cosas. El prior insistió y le impuso que aceptara.

El rey Luis IX, a pesar de su posición, lleva una vida cristiana calificable de santa y austera. Es un monarca amado y respetado. Los religiosos son muy bien recibidos. En el gran salón está también el arzobispo de París, Juan Peckham, Siger de Bravante, Gerardo de Abberville, Nicolás de Lisieux, muchas damas esposas de nobles... La entrada de Tomás no pasa desapercibida, sobresale por encima de todos. Su hábito humilde no logra ocultar a una persona verdaderamente grande. Su rostro aparece luminoso, como si la luz de las lámparas se concentrara sobre él. El personal de servicio acomoda a los invitados. La entrada del rey es anunciada, una vez más, por la fanfarria. Todos muestran respeto a su paso. Una vez ocupado su asiento en la mesa, el maestresala solicita permiso y, una vez concedido, se da inicio al banquete. Los músicos animan la cena.

En la gran mesa del soberano están el arzobispo y otros prelados, además de ciertos nobles con sus esposas. Los frailes del convento de Santiago están sentados en una posición ventajosa que les permite departir con unos y con otros a la vista del rey. Fray Tomás está sentado entre el monarca y el prior. Todos comen, conversan, ríen... Solo uno se da cuenta de que Tomás no habla y apenas prueba bocado. Su mirada está en la sala. Pero su mente no. Reginaldo se prepara porque sabe que el Aquinate está dándole vueltas a algún asunto que ha captado toda su atención.

El rey disfruta de ver la armonía imperante. Las conversaciones amenas, la música animada, las viandas exquisitas. La música alegre y muy bien interpretada. Incluso las flores que decoran la sala emanan un aroma muy agradable. Están todos metidos en la fiesta. Todo el mundo entretenido y a gusto. De repente una explosión:

—¡¡¡Y esto acaba con el error de los maniqueos!!!

Aquel grito triunfante fue acompañado de un puñetazo en la mesa mientras se pone de pie violentamente y con toda su envergadura.

No hubo una sola persona en aquella enorme sala que no se asustara. Hasta los músicos perdieron el hilo de lo que estaban interpretando y tuvieron que dejar de tocar. Uno de los camareros tiró al suelo la bandeja de la fruta con gran estruendo. El silencio, que siguió a los gritos de sorpresa, se podía tocar. Las miradas todas se centraron en él, fray Tomás de Aquino, cuyo rostro resplandecía de un gozo inocente. Unos ojos expresaban ira, otros burla, muchos estupor y todos pasmo. El prior sintió una de las mayores vergüenzas de su vida y amonestó severamente a su hermano de hábito:

—¡Maestro, preste atención! ¡Ud. está ahora en la mesa del rey de Francia!

El de Aquino se da cuenta de la situación bochornosa. Con mucha humildad, pide disculpas con cierta torpeza de gestos.

Luis IX se dirige a su invitado:

—Maestro Tomás. Estamos ansiosos de saber qué respuesta habéis hallado y a qué problema.

El silencio es máximo. Hasta las señoras están ávidas de saber qué tenía aquel todavía atractivo fraile en su cabeza. Sin pretenderlo, ha captado la atención de todos. Recoge el guante que le brinda el monarca, con la elegancia de un caballero al que se le reta para un torneo. Los profesores de la Universidad se miran maliciosamente de reojo. Los frailes se agarran a sus crucifijos.

—Perdonad, Majestad. Perdónenme todos. Mi mente no deja de reflexionar y pensar, intentando comprender, a la luz de Dios, los grandes problemas que se me presentan. Y ya que se me pide, les haré partícipes de lo que estaba pensando, a falta de mayor precisión y de la adecuada publicación de un escrito al respecto. Al entrar, uno de los maestros aquí presentes me recordó, como por casualidad, el grave problema del maniqueísmo. Y también el problema de considerar la Verdad desde su fuente, a la que las luces de la fe y de la razón se refieren al unísono. Porque una sola es la realidad y la Verdad.

Diferentes modos de maniqueísmo se mantienen incluso en la predicación y que, por ese error, es difícil enseñar correctamente el Evangelio. Se ha instalado una especie de maniqueísmo estructural que la inmensa mayoría dan irracionalmente por bueno, según el cual el bien tiene una contrapartida a la que se llama mal y que ese juego de contrarios mueve la realidad. Incluso muchos piensan que Dios es la causa del mal y otros que hay un principio universal, una especie de anti-dios, que es causa del mal.

—La experiencia de lo malo es consecuencia de la verdad del bien, cuando el bien es negado o se aleja, como ya demostré en el aula. Y el Bien supremo es Dios.

Los profesores presentes se aprestaron a no perderse ni una palabra. Unos por si pillaban a Tomás en un error, para denunciarlo. Otros para ver si realmente se solucionaba el problema teórico. La mayoría de los presentes quieren conocer lo que el maestro piensa, por si interesa a sus vidas cotidianas o no.

—Dios no puede hacer el mal ni por naturaleza ni por voluntad, ya que el principio activo que mueve toda la naturaleza no puede fallar en ella. Ni siquiera su voluntad que tiende hacia el fin último puede fallar, ya que esta voluntad es la bondad suprema, en la que consiste el fin último y la regla de todas las voluntades. Mas en Dios no hay defecto alguno, sino suma perfección. De estas consideraciones también deducimos que Dios no puede ni siquiera ser causa del mal hasta el punto de hacer que otros actúen mal. De ninguna manera es causa de lo malo en cuanto malo.

—No hay un primer principio de lo malo, como sí hay un primer principio del bien. En primer lugar, porque el primer principio del bien, que es Dios, es bueno por esencia. Se ha demostrado, también, que todo ser, en cuanto tal, es bueno, y que lo malo no existe sino en cuanto privación del bien. Experimentamos «lo malo» porque lo que existe es bueno. En segundo lugar, el primer principio del bien es un bien sumo y perfecto, que precontiene en sí toda la bondad. Pero no puede haber igualmente un sumo mal, porque, aunque lo malo disminuya sin cesar el bien, nunca puede llegar a consumirlo por completo; y, por tanto, quedando siempre algo de bien, no puede haber algo que sea integral y perfectamente malo. Por lo cual dice Aristóteles que «el mal integral se destruiría a sí mismo», puesto que, suprimido todo el bien, como lo exige el mal integral, se suprime también el mal mismo, cuyo sujeto necesario es el bien. No existe ningún principio supremo malo que sea causa de lo malo.

—El entendimiento y la voluntad están ordenadas al bien. La naturaleza corpórea está hecha para ser movida por la naturaleza espiritual, el alma. En el caso del hombre, imagen de Dios, el Bien es Dios mismo, como hemos dicho. El pecado es una acción contraria a la bienaventuranza y su causa es la voluntad del hombre de alejarse de su principio, que es Dios. El diablo puede persuadir desde fuera, con el engaño de los sentidos, o desde dentro, persuadiendo y disponiendo a la voluntad a no actuar conforme a la verdad. Nada es más causa de la voluntad de pecar del hombre que su propia voluntad. Ahora bien, Dios, que es la causa de la voluntad, que es el único que puede influir en la voluntad y puede inclinarla hacia donde quiera, llama todo hacia sí. Por eso, sus santos ángeles nos persuaden para que nuestro entendimiento y nuestra voluntad sean movidos hacia la bienaventuranza.

El asombro se apodera de los comensales.

Reginaldo y Tomás forman un tándem maravilloso. La confianza entre ambos es absoluta. Son casi inseparables. Rezan juntos, trabajan juntos, piensan juntos, comparten la vida espiritual, comentan las cosas. Reginaldo es muy eficaz como amigo, como confesor, como secretario... como hermano. Estar junto a Tomás es una verdadera gozada, si bien entraña sus riesgos: viajes, prisas, mucho trabajo, arreglar despistes, sustos...

Pocos días después, la controversia con los averroístas se hizo virulenta. Hay clérigos muy cultos y sobresalientes, como Siger de Bravante, que defienden que una cosa es la verdad filosófica y otra la verdad de la fe. Otros plantean el mundo como eterno, negando la creación en el tiempo. Hay quienes afirman un único entendimiento para todo el género humano, como si este fuera troceado en porciones, como quesitos de mercado, entregado a cada persona y, una vez la persona muere, se reintegra al entendimiento único e impersonal. Y otras enseñanzas que generan mucha confusión y atentan contra la unidad de la Verdad y, por tanto, de Dios, de la fe y de la misma realidad.

Uno de los asuntos más recios es la cuestión de la eternidad del mundo. Se pregunta sobre ello en clase y en alguna de las sesiones cuodlibetales o de preguntas públicas. La respuesta de Tomás es invariablemente la misma, siempre.

—La fe nos enseña que el mundo ha sido creado en el tiempo, y esa es la verdad que debemos aceptar y creer, pero esto no se puede confirmar con razones filosóficas verdaderamente demostrativas. Pero por lo mismo, hay que decir que las razones que se aducen para establecer que es eterno no son concluyentes. Digo, pues, que no hay demostraciones para ninguna de las dos partes, sino solo razones probables o sofísticas para ambas. La fe nos ilumina al respecto. Fuera de Dios nada existe desde la eternidad. Pues quedó demostrado que la voluntad de Dios es causa de las cosas. También se demostró que, en términos absolutos, no es necesario que Dios quiera algo fuera de sí mismo. Los argumentos que ofrece Aristóteles no son absolutos, sino para rebatir los argumentos de los antiguos que sostenían ciertos modos, del todo inadmisibles, del comienzo del mundo. Esto es así por tres razones: Primera, porque en sus obras ya anticipa ciertas opiniones como la de Anaxágoras, Empédocles y Platón contra las que aduce argumentos contradictorios. Segunda, porque siempre que se habla de este asunto trae a colación testimonios de los antiguos. Esto no es propio del que demuestra algo, sino del que persuade con probabilidades. Tercera, porque, como dice expresamente, hay ciertos problemas dialécticos para los que no tenemos argumentos demostrativos, como, por ejemplo, si el mundo es eterno.

Juan Peckham reacciona muy mal ante esta posición de Tomás. La cosa se agrava cuando fray Roberto Kilwardby, maestro de teología de Oxford y dominico como el Aquinate, también se muestra contrariado por las respuestas de Tomás.

Tomás se defiende:

—No puedo dejar de pensar en libertad y con fundamento racional. Aristóteles en su *Physica* demuestra que la materia es ingénita porque no tiene un sujeto del cual sea hecha. En *De caelo et mundo*, demuestra que el cielo es ingénito porque no tiene un contrario del que se origine. De todo eso no se concluye más que la materia y el cielo no empezaron por generación, como sostenían algunos. Nosotros, en cambio, sostenemos que la materia y el cielo han sido hechos por creación. Nosotros sostenemos que antes que el mundo existiera, no había ni lugar ni espacio.

Tomás participa en varias disputas públicas sobre diferentes cuestiones. En la cuodlibetal de marzo recibe un ataque frontal de Juan Peckham, responsable de la cátedra de los franciscanos. Este habló con exasperación, utilizando palabras gruesas y ampulosas. Los profesores seculares se regodean al ver este enfrentamiento dialéctico entre dos de sus peores adversarios intelectuales y morales. El problema de la filosofía averroísta, que cautiva a muchos profesores de la Universidad, clérigos incluidos, se agranda. La unidad del ser humano, la verdad de la encarnación, la dignidad de la persona, la acción salvífica de Dios, la misma noción de Dios... están en juego. Tomás no se calla.

—Estas controversias delatan una crisis más profunda y global, que alcanza al corazón mismo del cristianismo. Más allá de las escaramuzas de los argumentos, probatorios o no, si el mundo es coeterno con Dios no hay una historia definida, con un principio y un objetivo perseguido por Dios. El materialismo aristotélico, un puro postulado lógico al que algunos llaman «dios», solo sirve para explicar la estructura física del universo, no tiene nada que ver con el hombre ni con la trascendencia. Se basta a sí mismo, no necesita conocer ninguna otra cosa fuera de él. Lo de Aristóteles es una idea de Dios, no el Dios que Es. Dios no es idea, es viviente.

Para Tomás no hay confusión entre la filosofía y la fe. La búsqueda de la Verdad puede hacerse por vía de raciocinio y por vía de fe. El raciocinio puede fallar. La fe es luminosa porque se fundamenta en la revelación, la autocomunicación de Dios. La creación en el tiempo es un acto intencionado de Dios que desea comunicar su bondad a las creaturas. Es el principio de una relación de Dios con el hombre, que tiene una historia, una historia de amor. No hemos de someter la fe cristiana al aristotelismo, sino aprovechar lo bueno del aristotelismo doblegándolo a la verdad. La Verdad revelada.

Cada día los estudiantes gozan de rodear al maestro Tomás y compartir animadas charlas con él. Para todos tiene algún tipo de respuesta. En una de esas ocasiones, un joven dominico que tenía algunas dificultades le pidió consejo para ser mejor estudiante. Y lo obtuvo:

—Ya que me preguntas, carísimo hermano en Cristo, cómo debes estudiar para adquirir el tesoro de la ciencia, mi consejo es el siguiente: No te lances de pronto al mar, sino acércate por los riachuelos, porque a lo difícil se ha de llegar por lo fácil. Te mando que seas tardo para hablar y para ir a distracciones; abraza la pureza de conciencia; date a la oración; procura permanecer en tu celda, si quieres entrar un día en el templo del saber; sé amable con todos; no te preocupes de lo que hacen los demás; no tengas demasiada familiaridad con nadie, pues la excesiva familiaridad engendra desprecio y roba tiempo al estudio; huye sobre todo de perder el tiempo; imita a los santos y a los buenos; guarda en la memoria todo lo bueno que oigas, sin reparar en quién lo dijo; trata de entender cuanto leas y oigas; cuando tengas alguna duda, aclárala; acumula cuantos conocimientos puedas en el arca de tu mente, como quien trata de llenar un vaso; no busques lo que sea superior a tus fuerzas. Si sigues estos pasos, producirás copiosas ramas y frutos en la viña del Señor. Cúmplelo y alcanzarás lo que deseas.

La noticia de la muerte de Luis IX después de la toma de Cartago, ocurrida en julio del 1270, causó hondo pesar.

Los sacerdotes de París, no solo los teólogos, discuten sobre algunos aspectos de la Eucaristía. A veces, con gran confusión, se plantean cosas que parecen absurdas, por ejemplo, las dimensiones del Cuerpo de Cristo en el sacramento eucarístico. Solo se ponen de acuerdo en una cosa: consultar al maestro Tomás. Toman la decisión de poner por escrito sus dudas o pareceres y se lo envían. Se hace evidente que, incluso los que piensan diferente a él o se muestran recelosos por el hecho de ser un maestro de los mendicantes, lo tienen como hombre seguro, un teólogo serio y absolutamente digno de confianza.

A raíz de ese tipo de consultas y de su modo de hablar de la Eucaristía, surge en su alma una plegaria sincera en el transcurso de su oración nocturna antes de maitines:

—Señor, Jesucristo, verdaderamente presente y admirablemente operante en este santo sacramento. Yo intento entender tu verdad e intento enseñarla sin errores. Te suplico, amado Señor mío, que me concedas una gracia. Si las cosas que he escrito en torno a ti, con tu ayuda, son verdaderas, haz que yo pueda decirlas y enseñarlas públicamente; si, por el contrario, he escrito algo que no está de acuerdo con la verdad revelada y es ajeno a este sacramento, impídeme proponer lo que parece desviarse de la fe católica.

En lo más íntimo de su ser captó una respuesta luminosa desde el crucificado.

—Bien has escrito de este santo sacramento de mi Cuerpo y Sangre. Bien, y según verdad, has resuelto la cuestión que se te ha propuesto, en lo que es posible a un hombre entender y definir estas cosas, mientras está en la tierra.

Uno de los hermanos que suele espiarle no se resiste y corre a avisar al prior. Falta poco para el toque de maitines. Cuando el prior llega, y con él fray Martín de España, hay otros religiosos. Están atónitos. Aún la luz es clara. Tomás parece como flotando en el aire, elevado un codo sobre el suelo. ¿Sería fruto del sueño que crea un efecto imaginario? Más bien, piensan todos, es el efecto de un diálogo verdadero entre el Verbo de Dios y su portavoz. Los testigos de lo ocurrido aquella noche hacen gala de una exquisita discreción. No está lejos la fiesta de la Navidad.

Tomás está particularmente tranquilo. Presenta un semblante decidido y resuelto. No hay duda, sabe lo que tiene que decir acerca de la Eucaristía. Lo expondrá públicamente en la Universidad. Pero, tanto por cortesía hacia los sacerdotes que se dirigieron a él, como por aprovechar el tiempo de modo que no se pierdan las argumentaciones, quiere ponerlo por escrito y que ese material se incorpore, en su momento, a la *Suma Teológica*. Eveno Garnit se reincorpora al equipo. Todo listo.

—Los sacramentos de la Iglesia están destinados a socorrer al hombre en su vida espiritual. Ahora bien, la vida espiritual guarda paralelo con la corporal, ya que las realidades corporales son imagen de las espirituales. Pues bien, como para la vida corporal se requiere la generación, por la que el hombre recibe la vida, y el crecimiento, por el que el hombre llega a la plenitud de la vida, así también se requiere el alimento, por el que el hombre conserva la vida. Y, por eso, como para la vida espiritual fue necesario el Bautismo, que es una generación espiritual, y la Confirmación, que es crecimiento espiritual, así también fue necesario el sacramento de la Eucaristía, que es alimento espiritual. El sacramento se llama así porque contiene algo sagrado. Ahora bien, una cosa puede ser sagrada de dos maneras: en sentido absoluto o con relación a otra cosa. Pues bien, esta es la diferencia entre la Eucaristía y los otros sacramentos que tienen una materia sensible: la Eucaristía contiene algo sagrado en sentido absoluto, o sea, el mismo Cristo.

—Que en este sacramento está el verdadero cuerpo de Cristo y su sangre, no lo pueden verificar los sentidos, sino la sola fe, que se funda en la autoridad divina. Por lo que acerca de las palabras de Lc 22,19: «Esto es mi cuerpo que se entrega por vosotros», dice san Cirilo: «No dudes de que esto sea verdad, sino recibe con fe las palabras del Salvador, ya que, siendo la verdad, no miente». Era justo que el sacrificio de la nueva ley, instituido por Cristo, tuviese algo más, o sea, que contuviese al mismo Cristo crucificado, no solamente significado o en figura, sino también en su realidad. Y, por eso, este sacramento que contiene realmente al mismo Cristo, como dice Dionisio, es perfectivo de todos los sacramentos, que solamente contienen la virtud de Cristo. Esta presencia se ajusta a la perfección de la fe, que tiene por objeto tanto la divinidad de Cristo como la humanidad, según las palabras de Jn 14,11: «Creed en Dios y creed en mí». Y, puesto que la fe es acerca de las cosas invisibles, de la misma manera que Cristo nos propone su divinidad invisible, así en este sacramento nos propone su carne de modo invisible.

La exposición pública de cuanto reflexiona sobre este tema causa un hondo impacto. Muchos decían que la presencia real de Cristo era algo automático, como si Jesucristo se metiera dentro del pan o del vino con un calzador llamado consagración. Pero pocos predicaban que la presencia real de Jesucristo es total y acoge en la totalidad de su ser al hombre y a la mujer que le reciben y, así, se alimentan por Él, de Él y con Él. El efecto no es que el hombre o la mujer asuman a Dios, sino que es Dios quien los asume en un todo por la comunión con el cuerpo y la sangre de Cristo. Ahí radica el significado de sacrificio pascual de la Eucaristía. Es una acción personal de Dios en su Iglesia.

Los secretarios no dan abasto. Tomás es capaz de tratar varias cosas a la vez. Cada uno se ha especializado en un aspecto o en un tipo de obra. Luego tienen que ir plasmando en un formato uniforme, a modo de libro, lo dictado.

Los sacerdotes que habían preguntado quedaron muy satisfechos con la respuesta y aclararon sus dudas. Eso les proporcionó un gran alivio de conciencia y un enriquecimiento espiritual.

Ya hacía tiempo que se había violado la prohibición de los papas de estudiar a Aristóteles. Ahora, estando aún vacante la sede de Pedro, nadie recuerda la interdicción. El Aquinate tiene a su disposición unas traducciones fiables de las obras aristotélicas. Sigue con sus comentarios para ayudar a una mejor comprensión del filósofo. Pero eso le valió muchas controversias, especialmente con la cátedra franciscana, más la oposición de muchos profesores seculares y las dudas, incluso, de algún hermano de convento y exdiscípulo, como fray Juan de Lessines. Por suerte, el 10 de diciembre, el arzobispo de París, Esteban Tempier, condena muchas proposiciones averroístas y ninguna de Tomás de Aquino. Siger de Bravante reconoce la autoridad de Alberto y Tomás.

El maestro revisa todo y ultima los diferentes opúsculos o libelos antes de darlos a los copistas. Revisa también la redacción de la *Suma Teológica* que avanza a buen ritmo. La pregunta formulada en cada artículo da pie a un debate interno en el que escucha a los diferentes autores, cristianos o no, y a la Sagrada Escritura: los argumentos a favor, los argumentos en contra, un cuerpo discursivo donde Tomás razona la cuestión, la solución o respuesta a la pregunta que él estima razonable y adecuada, más un argumentario donde responde a cada una de las objeciones dando razón del porqué las acepta o las rechaza. Es un método de diálogo, no dogmático, abierto. No olvida que los destinatarios de la *Suma Teológica* no son eruditos sino estudiantes, y hay que proporcionarles elementos para que aprendan y ellos mismos desarrollen su intelecto y sus respuestas racionalmente.

La fe y la razón son las dos luces del entendimiento humano cuyo objetivo es conocer la Verdad que es una, esta es su insistencia. Los sentidos y la experiencia nos permiten acceder a lo real, pero es el ejercicio del intelecto el que nos proporciona el conocimiento. La revelación provee de los elementos que necesitamos para penetrar en lo que nuestros sentidos no alcanzan. Tomás huye de prejuicios y de estereotipos. Piensa en libertad y con responsabilidad. Las cosas no son como las pensamos o como las deseamos, sino que su ser es anterior a nuestro pensamiento. Conocer no es un mero acto pasivo, pues recibimos de lo que conocemos y, a la vez, aportamos algo de nosotros mismos a lo conocido. La honestidad intelectual comienza por aceptar el ser de los entes y, para ello, se ha de respetar la verdad. La salvación del hombre y de la mujer tienen la prioridad, razón por la cual la mujer y el hombre han de ejercitarse en lo que les es propio para que, conociendo, logren aquello para lo que fueron creados: la bienaventuranza.

Lo de Tomás no es ni pietismo, ni fideísmo, ni cientifismo, ni ideologismo. Es búsqueda, es contemplación, es ir a las fuentes, es raciocinio honesto y abierto. Él sabe que la verdad, una y única, tiene un fundamento. Sabe que la verdad, dígala quien la diga, procede del Espíritu Santo porque su fuente es Dios que, en sí mismo, es la Verdad.

La Navidad es una fecha muy amada. Siempre le pasan cosas importantes. ¿Hay algo más grande que ser testigo del inmenso y bellísimo misterio de la encarnación del Verbo?

—La Verdad... la Verdad... la Verdad... Nada hubo tan necesario para fortalecer nuestra esperanza como el demostrarnos Dios cuánto nos amaba. Y ¿qué prueba más palpable de este amor que el hermanamiento del Hijo de Dios con nuestra naturaleza? La encarnación era necesaria para la plena participación de la divinidad, que constituye nuestra bienaventuranza y el fin de la vida humana. Y esto nos fue otorgado por la humanidad de Cristo. Dios se hizo hombre para que el hombre se hiciese Dios.

—¿Se hubiera encarnado Dios si no hubiera pecado el hombre?, le preguntaron.

—Sobre esta cuestión hay distintas opiniones. Unos dicen que el Hijo de Dios se hubiera encarnado, aunque el hombre no hubiese pecado. Otros sostienen lo contrario. Las cosas que dependen únicamente de la voluntad divina, fuera de todo derecho por parte de la criatura, solo podemos conocerlas por medio de la Sagrada Escritura, que es la que nos descubre la voluntad de Dios. Y como todos los pasajes de la Sagrada Escritura señalan como razón de la encarnación el pecado del primer hombre, resulta más acertado decir que la encarnación ha sido ordenada por Dios para remedio del pecado. Sin embargo, no por esto queda limitado el poder de Dios, ya que hubiera podido encarnarse, aunque no hubiera existido el pecado.

Fray Guillermo mira atónito a fray Reginaldo.

—Desde hace muchos años, querido hermano Guillermo, fray Tomás experimenta una especial conexión con Jesucristo y su Madre justamente en este glorioso día de Navidad.

Carlos de Anjou, rey de Nápoles, el menor de los hermanos de Luis IX, logra negociar con el califa Muhammad I al-Mustansir la repatriación del fenecido monarca y el regreso de los cruzados franceses. Para poder llevar los restos del rey a Francia se practicó una técnica que permitía separar los huesos de la carne, mediante un proceso de hervido del cadáver. Nuestra Señora de París está de luto. Día 21 de mayo. Se rinde homenaje y se reza por el alma del amado soberano de los franceses y por todos los que sufrieron el azote de la peste. Tomás no puede ocultar su dolor por el fallecimiento de alguien que fue para él un verdadero amigo. Luis IX fue enterrado en la basílica de San Dionisio. Todos le tuvieron por un rey ejemplar, un rey santo.

Cercano el final del curso, el maestro Tomás forma parte del tribunal para examinar a un candidato al grado de maestro. El ambiente en la Universidad está muy enrarecido aún contra los mendicantes y, por si fuera poco, sigue fresco el conflicto averroísta. Durante el interrogatorio el examinado manifiesta con arrogancia, y hasta con insolencia, tener opiniones contrarias a las del Aquinate. Fray Tomás lo soporta con paciencia y mansedumbre, como si él fuera el opositor y el otro el examinador.

Al regresar al convento, sus estudiantes y varios frailes le rodean enfadados:

—No es tolerable lo ocurrido, y nosotros protestamos por ello. No se trata solamente de vuestro prestigio personal ante toda la Universidad, sino de la verdad, ya que es completamente falso lo que el licenciado defendió.

—No me ha parecido oportuno ni conveniente humillar y confundir a un maestro novel delante de todos. Pero si a vuestras reverencias les parece que no he obrado bien, en la sesión de mañana podré suplir lo que no he hecho en la de hoy.

Al día siguiente vuelven todos al aula donde se celebra el escrutinio. El candidato repite su actitud y posiciones, sin corrección ni modificación alguna. El maestro Tomás, con toda calma y dulzura, argumenta de modo que le hace ver que su opinión está en pugna con los decretos de un

Concilio. Lo hace pedagógicamente, sin acritud ni humillación del licenciado, de manera que el candidato a maestro, sin darse cuenta, empieza a responder en línea conforme con el maestro Tomás. Poco a poco lo condujo a admitir la verdad. El aspirante se sintió incómodo al darse cuenta de que estaba empecinado en un error. Cambió de actitud y de argumentario.

El 15 de agosto fue coronado rey de Francia Felipe III, en Reims. Se albergaba la esperanza de que con el nuevo monarca la polémica universitaria remitiría. Pero no fue así. El ambiente cada vez es más difícil y enconado.

Por si fuera poco, las noticias de Viterbo no son alentadoras. Cuatro facciones dividen a los cardenales y no hay manera de que lleguen a un acuerdo. Hace ya dos años largos que discuten. De los 19 cardenales que había inicialmente, dos fallecieron. Giovanni Gaetano Orsini aglutina un grupo de electores y Ricardo Annibaldi, otro. Los imperiales, fundamentalmente italianos, contra los carolinos, fundamentalmente franceses. Iban y venían de sus residencias a la catedral de Viterbo. Votaban una vez. Resultado fallido y vuelta a empezar. Cansados de la situación, los nobles, a la cabeza de los cuales estaba Carlos I de Anjou, decidieron encerrar con llave a los cardenales y someterlos a dura presión hasta que tomaran una decisión. Ni así.

El 1 de septiembre de 1271 llegan a un acuerdo. Nombran un comité de compromisarios, cediendo la autoridad y el voto subrogado a seis de ellos. Por fin, hay elección. Optan por un cruzado, Tebaldo Visconti, que no es cardenal, ni siquiera sacerdote, y se encuentra en Acre como legado papal ante la IX cruzada. El elegido es convocado al cónclave y recibe la notificación semanas después. Sale de Acre el 19 de noviembre.

El sermón de Navidad de ese año versa sobre la encarnación del Verbo como remedio conveniente para la salvación del género humano. La iglesia conventual de Santiago está a rebosar de fieles. La voz de Tomás resuena incluso en el atrio y en el patio que da al aulario, pues hubieron de abrirse las puertas del amplio templo.

—Este misterio fue muy convenientemente ordenado para la salvación del hombre, porque aun cuando Dios podía hacerlo de otro modo, ninguno fue tan adecuado, pues convenía al mismo Reparador, a aquel a quien debía ofrecerse la reparación y a la reparación misma. Al Reparador, a quien era oportuno mostrar su sabiduría, poder y bondad. ¿Qué cosa más poderosa que unir extremos sumamente distantes? Grande fue el poder para unir elementos dispares; mayor, para unirlos a un espíritu creado; máximo, para su unión al espíritu increado, donde la disparidad es extrema. ¿Qué cosa más sabia para el colmo de perfección de todo el universo que se verificase la unión del primero y del último, esto es, del Verbo de Dios, que es el principio de todas las cosas, y de la naturaleza humana, que en las obras de los seis días fue la última de las criaturas? ¿Qué cosa más llena de bondad que haber querido el Creador de todos los seres comunicarse a las cosas creadas? Esa benignidad fue grande al unirse con todas las cosas por unión de presencia; mayor, al comunicarse a los buenos por medio de la gracia; y máxima, al unirse a Cristo hombre, y, por consiguiente, a los géneros de cada uno en la unidad de persona. Fue también muy conveniente a nuestra reparación que el Señor en forma de siervo procurase la salvación del esclavo y que se encarnase el Hijo. Esa conveniencia es evidente, ya se consideren las cosas propias del Hijo, ya las que se le apropian. Si se atiende a las cosas propias del Hijo es evidente, porque es el Verbo, la imagen y el Hijo de Dios; ahora bien, el hombre perdió por el pecado tres cosas, a saber: el conocimiento de la sabiduría, la semejanza de la gracia y la herencia de la gloria. Por eso fue enviado el Verbo, Imagen e Hijo. Si se consideran las que se le apropian, también fue muy conveniente porque en la obra de la creación resplandece principalmente el poder; en la obra de la restauración, la sabiduría; y en la obra de la retribución, la bondad.

La Universidad está muy revuelta. En el mes de marzo se inicia una huelga de profesores provocada por la imposición de un rector por parte del arzobispo de París. El único que mantiene actividad docente es el maestro Tomás.

Tebaldo Visconti había llegado a Viterbo el 13 de febrero de 1272. Aceptó la elección y escogió el nombre de Gregorio X. El 13 de marzo entró en Roma. Fue ordenado obispo. Toma posesión de la cátedra de San Pedro el día 27.

Paralelamente, Carlos I de Anjou busca profesores para la Universidad de Nápoles. Fray Juan de Vercelli, Maestro de la Orden, ordena al de Aquino que regrese a Italia, a su convento. Le mandan salir de París, como mucho, en Pascua. La noticia causó gran sorpresa. Muchos profesores y alumnos hacen gestiones para que se quede en la ciudad del Sena. Pero los superiores están firmes.

Tomás de Aquino nunca olvida que es un sacerdote. Y que su misión es anunciar a Jesucristo a tiempo y a destiempo, allá donde sea enviado. La predicación de Jesucristo para la salvación del género humano, ese es el objetivo. No hay otro interés más que Él, que es la Verdad.

Inesperado colofón
(1272-1274)

Llevan poco equipaje. Predican en los diferentes monasterios e iglesias por los que pasan. De camino aprovechan para orar y para continuar con los dictados del maestro. La tercera parte de la *Suma Teológica* está en marcha.

El 21 de mayo entran en Florencia. Allí se va a celebrar primero Capítulo general y, a continuación, Capítulo provincial. A ambos ha de asistir Tomás. Ante ellos la fachada sobria de la iglesia conventual de Santa María Novela, donde Juan de Salerno, enviado por el bienaventurado Domingo desde Bolonia, logró instalar la comunidad de frailes predicadores en 1221.

Juan de Vercelli, el Maestro de la Orden, se entrevista con Tomás. Le explicó que el rey de Nápoles insistía en crear un Estudio de Teología vinculado a su Universidad. Él desea que Tomás lidere ese proyecto, a la vez que quiere que descanse de los líos de París. No desaprovecha la oportunidad de consultar con Tomás algunas cuestiones personales y de gobierno. Además de informarle de cómo van las cosas en las distintas provincias de la Orden. Tomás se interesa mucho por los frailes que están en territorios muy difíciles, como aquellos que predican en zonas musulmanas, los que están en Tierra Santa... por quienes se esfuerzan en que se supere el cisma con los cristianos orientales, tema de máxima actualidad... Tomás tiene noticia de que un tal Ramón Llull, un mallorquín conocido y asesorado de fray Raimundo de Peñafort, está interesado en estudiar la filosofía islámica, pero alejado de la línea averroísta, e incluso desea formar una escuela de lenguas en su isla, que es un verdadero cruce de culturas.

El Capítulo provincial de la Provincia romana, al que Tomás asiste como predicador general que es, aborda el mandato del Capítulo general respecto a la fundación de un centro de estudios nuevo. Nadie duda de que la persona idónea para poner en marcha el nuevo proyecto es fray Tomás de Aquino. Así lo hacen constar en acta.

«Confiamos totalmente al hermano Tomás de Aquino el Estudio General de Teología en lo que se refiere al lugar, a las personas y al número de estudiantes».

El Aquinate decide que el lugar para la nueva institución sea Nápoles.

Acabados los Capítulos, Tomás, Reginaldo y varios jóvenes estudiantes designados para iniciar sus estudios en Nápoles, se dirigen a las proximidades de Orvieto. Los recibe con mucha alegría el cardenal, amigo y hermano Anibaldo dei Anibaldi. Está desempeñando un encargo del papa Gregorio X. Se le veía algo desmejorado pero animoso.

Caen enfermos de paludismo. Fray Reginaldo se pone muy grave. El cardenal envía a sus médicos. Se temen lo peor. Ante la perspectiva de quedarse sin su secretario, amigo, confesor y socio, Tomás ora al Señor con intensidad. Una mañana, a finales del mes de junio, el Aquinate entra en la celda de la enfermería. Reginaldo está en pleno ataque de fiebres. Se arrodilla junto a él y le susurra con afecto maternal:

—Querido hermano mío. Los médicos no siempre saben cómo curar nuestras enfermedades. Pero yo he rogado por ti al único que todo lo puede. Esta mañana en la oración, el Señor me inspiró el remedio para ti.

Tomás extrae la reliquia de santa Inés que siempre lleva colgada al cuello. Se la quita y la pone en el cuello de Reginaldo. Pronto recobró la salud y Tomás hizo una promesa a la santa en gratitud por el favor concedido:

—En memoria y agradecimiento por tan insigne beneficio, cuando estemos en Nápoles, celebraremos solemnemente la fiesta de Santa Inés en el convento con una buena comida para la comunidad.

En breve llegan a Nápoles. Enseguida lo organiza todo para poner en marcha el Estudio, a modo de Facultad de Teología de la Universidad de Nápoles con sede en el convento de Santo Domingo. El plan es comenzar el curso académico, como es costumbre, el 14 de septiembre. Ni que decir tiene que aquel nuevo centro de estudios, bajo la batuta del maestro Tomás, abre para aquella Universidad una expectativa de futuro nunca soñada. El prior le concede una celda adaptada, amplia, luminosa y con una buena terraza para que pueda pasear como tiene por costumbre. Le asignan varios religiosos para que le ayuden como secretarios: fray Santiago de Salerno y fray Bonfilio Coppa.

Su hermana Adelasia queda viuda con cuatro hijos menores de edad. Su marido, Roger de Aquila, conde de Traetto y de Fondi, muere en su castillo el 26 de agosto, nombrándole albacea testamentario. Eso retrasa el comienzo del curso hasta finales de septiembre. El día 20 se reúne a los herederos y se procede a la partición de los bienes dejados por su cuñado. Luego viaja a Caserta, muy cerca de Capua y Nápoles, para entrevistarse con el rey Carlos I, que le recibe el 27 de septiembre en el suntuoso palacio. El conde de Traetto y de Fondi tenía cuantiosos bienes, fruto de la usura o de algún tipo de extorsión. Como albacea testamentario, deseaba poder restituir a sus legítimos dueños, sin obstrucción alguna, los bienes inmuebles y tierras que el difunto conde se había apropiado injustamente. El mismo finado, en su testamento, manda que así se haga. El rey le concede las autorizaciones necesarias. Aprovecha para dialogar con aquel que fue uno de los mejores consejeros de su hermano y le pide que sea su asesor.

Regresa a Nápoles para ponerse a trabajar de inmediato en los cursos a impartir. Hasta mediados de octubre no comienzan las clases. El rey emite un decreto:

«Por el presente, asigno al maestro Tomás, de la Orden de Predicadores, un salario anual de doce onzas de oro, pagaderas en otras tantas mensualidades, el primero de cada mes, al prior del convento de Santo Domingo o a quien él legítimamente delegare».

La medida se hizo extensible a todos los profesores de la Universidad. Algunos pensaron que Tomás de Aquino así lo solicitó al soberano, para que todos estuvieran justamente equiparados en el salario y no hubiera tensiones al respecto. La experiencia de París había enseñado mucho más que filosofía y teología al Aquinate. También supo de la importancia de las finanzas y de una economía bien practicada, donde las remuneraciones fueran equitativas.

Los alumnos compiten por los primeros puestos en el aula. Tomás de Aquino empieza sus clases. El maestro decide explicar los primeros cincuenta y cuatro Salmos para continuar después con la exposición de las epístolas de san Pablo.

Como predicador general, prepara esquemas homiléticos y sermones para sus hermanos. Pero también él mismo predica en la iglesia de Santo Domingo. Esta vez ya no en latín, sino en su lengua materna. La gente se amontona para escucharle. Realmente disfrutan no solo oyéndole, también viéndole.

—No podemos dejar de acudir a la predicación de fray Tomás. Es como si oyéramos a Dios. Como si el mismo Señor estuviera presente. Al poner nuestros ojos en fray Tomás, pareciera que el Altísimo toma su aspecto.

El mes de noviembre trae noticias tristes. El cardenal Anibaldo dei Anibaldi había fallecido. Como es costumbre, después de laudes, fray Tomás celebra la Misa asistido, en esta ocasión como en tantas otras, por su fiel amigo y secretario. Luego él mismo hará lo propio.

Muchas consultas de infinidad de personas y desde muchos lugares. Nadie queda sin respuesta. Los copistas no paran. La *Suma Teológica* sigue adelante; pronto empezará la tercera parte. El rey Carlos I de Anjou consulta muchas veces con Tomás.

La Navidad se aproxima. Se multiplica la predicación. Ya se sabe que siente especial afecto por este tiempo. Se fija este año en la figura entrañable de la Virgen María. La Navidad siempre lleva al maestro Tomás al misterio de la encarnación. A contemplar a Dios que se hace hombre y a una madre que recibe el don de un hijo que siendo Hijo de Dios es, a la vez, hijo del hombre. Se inaugura una nueva humanidad. La Gracia recircula en la naturaleza humana. Gloria a Dios en las alturas y en la tierra al hombre, a todo varón y mujer, paz. No la paz que da el mundo, que es efímera e interesada. Sino la paz generosa, colmada, con visos de eternidad, que da el Dios que es Padre e Hijo y Espíritu Santo que acoge en sí a aquel que creó a su imagen y semejanza. En Navidad se celebra que Dios se hizo imagen y semejanza del hombre.

A los pocos días, fray Reginaldo recibió un precioso regalo. Con enorme emoción y agradecimiento, el de Piperno recibe el libro. Lo abre. Lo hojea con la misma ilusión que un niño al que se le regala un balón. Su sorpresa es aún mayor cuando comprende que el primer capítulo es una dedicatoria personal. Lo escribió para él. Tomás de Aquino le explica a su secretario el hilo maestro del compendio que le acaba de entregar.

—Cuando me pediste si tendría a bien escribir algo para ti, a modo de resumen de la teología y de la fe, no sabía muy bien cómo hacerlo. Pero, estando en la oración, meditando sobre cómo el Verbo encarnado realizó su predicación, llevando a plenitud la promesa contraída por Dios desde la caída de Adán, pensé que no hay mejor síntesis que la de considerar las tres virtudes teologales que brotan como un don de la comunión con el mismo Jesucristo, nuestro Señor. En realidad, está sin acabar, pero quiero que lo tengas en tus manos. Ya lo terminaré... tú me ayudarás.

El primer domingo después de Epifanía, la iglesia está llena de jóvenes. Se habían reanudado las clases tras las vacaciones navideñas. Sus palabras en el sermón están llenas de ternura, de admiración, y de una llamada a crecer en paz. ¡Qué dulce es el nombre de Jesús! ¡Qué bueno es mirarse en Él, espejo de Dios y de los hombres!

—*El niño Jesús avanzó en edad, sabiduría y favor ante Dios y los hombres.* Lo leemos en san Lucas. Todo lo que el Señor hizo o sufrió en la carne son evidencias y ejemplos de salvación. Y como en toda época, especialmente en la que llega a los años de la discreción, no falta un camino de salvación. Por eso, la juventud de Cristo se presenta como ejemplo a los jóvenes.

A partir del texto bíblico construye un sermón que va directo a alguno de los problemas que detecta, considerando el auditorio que tiene delante. Crea como un punto de partida que capta la atención de quienes escuchan.

—Cristo asumió una naturaleza humana completa: nació niño según la carne, no según el alma, porque desde el principio de su concepción su alma bendita, unida a Dios, estaba llena de toda gracia y verdad. Si hubiera querido mostrar su sabiduría cuando tenía siete años, los hombres podrían haber dudado de la verdad de la naturaleza humana asumida, y por eso Cristo quiso ser conformado a los demás. Creció como los demás y, en el momento oportuno, mostró la verdad.

Y, después, como si de un partido de béisbol se tratara, lanza la pelota.

—Avanzar en edad del cuerpo y no de la mente es monstruoso. El hombre está compuesto de alma y cuerpo, así como el cuerpo está compuesto de los demás miembros. Si un miembro crece más que los otros, esto es monstruoso. Eso ocurre cuando el cuerpo crece y no crece la mente. Es cierto que el Señor manda que seamos como niños, porque los pequeños no son maliciosos y son humildes. Pero, a medida que creces en edad física, debes poner todo tu esfuerzo en crecer también en edad mental.

Esta llamada a superar los infantilismos o las perezas es recibida con cierta sorpresa. El modo de predicar de Tomás es eficaz. En París la hipocresía y las ideologías que distorsionan la fe emponzoñaban no solo la vida universitaria, sino la misma vida cristiana. En Nápoles, las ambiciones personales, sumada la pereza mental y espiritual, son detectadas por el predicador de Aquino como una seria amenaza. Ahora tiene la responsabilidad de poner en marcha un centro de Estudios que promueva el crecimiento de las personas en la verdad. Pero no observa en aquella sociedad, especialmente en los más jóvenes, un auténtico interés por crecer... más bien por dejarse llevar. Tomás sabe que eso, tarde o temprano, genera problemas.

—Jesús prosperó en gracia y sabiduría ante Dios y los hombres. Sí, también nosotros debemos ascender mediante el progreso espiritual y descender mediante la piedad hacia el prójimo.

No es difícil comprender por qué ese lunes el recién inaugurado Estudio General de Nápoles hervía en ganas de estudiar, de aprender y de crecer.

Lo prometido es deuda. La fiesta de Santa Inés se celebra por todo lo alto. Invita el maestro Tomás. Ese 21 de enero se perfila como el primero del cumplimiento de un compromiso personal. Nadie sabe cómo se las arregló, pero es un día memorable. Misa solemne y, con el permiso del prior, un banquete para la comunidad.

Los secretarios de Tomás no paran. Él mismo redacta muchas cosas que luego se han de incorporar a los libros debidamente. El equipo funciona como un reloj. La tercera parte de la *Suma Teológica* cobra cuerpo. Pero, además, hay otras muchas cosas que hacer y escribir.

Una de las obligaciones de los frailes, que son nombrados predicadores generales, es la de preparar y supervisar los contenidos y esquemas sobre los que el resto de los hermanos predicadores realizan su misión. A la vez se les pide que ellos mismos prediquen. Se acercaba la Cuaresma y no había mucho tiempo que perder. Fray Tomás de Aquino decide que él mismo pronunciará los sermones de ese tiempo preparatorio de la Pascua.

A principios de febrero recibe la visita de varios prelados amigos. El arzobispo de Salerno está muy interesado en conocer qué orientación va a dar a los sermones. Algunos sacerdotes miembros de la curia papal también se interesan.

Gregorio X tiene muy presente que no debe perder de vista a Tomás de Aquino, entre otras cosas porque entiende que ha de hacer lo imposible por recuperar la unidad rota entre los cristianos latinos y los bizantinos. Si alguien es competente para buscar la unidad en la Iglesia, desde la Verdad, actualmente está en el convento de Santo Domingo de Nápoles.

Tanta fama y reconocimiento no ha henchido ni engreído a Tomás, ni a Reginaldo. Permanecen fieles a su profesión religiosa. La pobreza mendicante sigue siendo un don y una opción por el seguimiento completo de Jesucristo para un predicador.

Predicará desde el 12 de febrero al 9 de abril en la iglesia conventual. Dedicará los sermones de Cuaresma a comentar el Credo, el Padrenuestro, los diez Mandamientos, los dos preceptos sobre la caridad y el Avemaría. El fundamento de la fe apostólica, la entrañable relación con nuestro Dios, y con nuestros prójimos, y la tierna mirada de la Madre.

Quiere que quede clara la superioridad del amor sobre la ley, la primacía de la Gracia sobre el pecado. Quiere subrayar que toda la vida de Jesucristo, su persona, es la que nos salva. El Verbo experimentó toda nuestra condición humana. La pasión y muerte en la cruz es un hecho en sí, pero es toda la vida de Jesús la que demuestra el amor de Dios al género humano. Pasión no quiere decir mero sufrimiento, sino paso experiencial por nuestra condición humana. Toda la vida de Cristo es el amor de Dios que se revela y actúa en la historia; cada uno de sus actos significa y realiza ese misterio de salvación que es un derroche de amor. Un solo sufrimiento del Señor basta para redimir al género humano. Nos salva la persona de Jesucristo.

La Cuaresma se celebró pronto ese año. El anuncio de que fray Tomás predicaría corrió por Nápoles y los alrededores. Nobles, jóvenes, mayores, clérigos, varones, mujeres... los oyentes serían muy variados y, seguramente, cada vez más. Los párrocos agradecen a fray Tomás los sermones que prepara, pues les proporciona un gran instrumento para la evangelización y la catequesis.

Los frailes del convento no acaban de salir de su asombro, a pesar de que la cosa se hacía ya habitual. Muchas personas quieren oír la Misa que oficia fray Tomás. Muchas más que no se pierden los sermones de cada domingo. Cartas, visitas, clases, cuestiones de debate público, entrevistas con prelados y nobles... Y siempre encuentra tiempo para la oración, para sus paseos, para dictar y para llevar una vida conventual normal.

El segundo bloque de sermones trata sobre el Padrenuestro.

—Entre todas las oraciones, la principal es la que Cristo mismo enseñó. Tiene las cinco cualidades que se requieren en la oración, que ha de ser confiada, recta, ordenada, devota y humilde. El Padre nos creó a imagen y seme-janza suya y nos gobierna como a señores, no como a esclavos. Somos hijos de Dios. Debemos imitarle: amarle como Él nos ama, ser perfectos como el Padre, misericordiosos como Él. Entre todas las cosas deseables se desea más la que más se ama, y esa es Dios. Debemos evitar y rehuir todo lo que se opone al bien y apetecer la gloria de Dios, la vida eterna, la justicia y las buenas obras, y pedi-mos que se nos libre del mal.

Domingo, 26 de marzo. Muchos caballeros, nobles y damas, además de estudiantes y algunos religiosos no sacerdotes están presentes. Según avanza la celebración de la Misa, los ojos del sacerdote se llenan de lágrimas y queda como desconectado de la realidad. Al principio volvía en sí en breve espacio de tiempo. Pero, a medida que la Misa sigue su curso, hay momentos donde se queda como en suspenso un buen rato. Algunas personas piensan que se despista o que tiene algún tipo de lapsus. El acólito se acerca, tira de sus ropajes y el maestro vuelve en sí y continúa. En algún momento parece que quien está padeciendo en la cruz es fray Tomás.

Acabada la Misa, ya en la sacristía, algunos de los religiosos y seglares presentes se interesan por su estado de salud. Hay quien impertinentemente le pide que cuente si había tenido alguna experiencia particular. Tomás los recibe y acoge con amabilidad, insistiéndoles en que no tienen de qué preocuparse.

El tercer bloque de sermones cuaresmales se centra en el Avemaría.

—La salutación angélica comprende tres partes. Una pronunciada por el ángel, otra por Isabel y la tercera la pronunció la Iglesia. Que un ángel tributara reverencia a un ser humano jamás se había oído, hasta que uno saludó a la Santísima Virgen diciendo respetuosísimamente: «Dios te salve». Ella fue la primera de la raza humana que sobrepasó a los ángeles por su intimidad con Dios, por la plenitud del fulgor de la gracia divina y en dignidad, por estar limpísima de culpa y hacer participar de su limpieza a los demás. El fruto de su vientre es el hombre nuevo que es Hijo de Dios, el Verbo hecho carne por obra del Espíritu Santo, nuestro Señor Jesucristo.

Pasada la Pascua, el curso sigue adelante, con normalidad. Recién inaugurado, el verano trae un poco de paz y calma. La suficiente para orar, cambiar de ritmo y avanzar en terminar la *Suma Teológica* y otros escritos que están en marcha. Se hace evidente que es un hombre eminentemente contemplativo, sin eludir las responsabilidades de la predicación o de la enseñanza.

También hay tiempo para predicar, escuchar y aconsejar. En las pequeñas salidas, hay tiempo para visitar a familiares y amigos. Toda la comarca desde Roma a Salerno está llena de «Aquinos». Al final de agosto pasa por Fossanova. Ha estado en el castillo de Maenza trabajando con sus secretarios.

El 14 de septiembre de 1273 se reanudan las clases. La algarabía de los jóvenes es contagiosa. La vida napolitana se pone bulliciosa e intelectual de nuevo. El pontífice, el papa Gregorio X, reclama a fray Tomás de Aquino para que acuda al Concilio que se celebrará en Lyon el año siguiente, y que comenzará el 7 de mayo.

A primeros de noviembre comienza a escribir sobre el sacramento de la penitencia en la *Suma Teológica*. Está ya en su tercera parte.

—Como expone san Gregorio, el sacramento consiste en una ceremonia realizada de tal manera que recibimos simbólicamente lo que hemos de recibir santamente. Ahora bien, es claro que, en la penitencia, la ceremonia se realiza de tal manera que siempre significa algo santo, tanto por parte del penitente como por parte del sacerdote que absuelve. Porque el pecador penitente muestra con sus actos y sus obras que su corazón se aparta del pecado. E, igualmente, el sacerdote con las cosas que hace y dice al penitente significa que Dios perdona ese pecado. Luego es claro que la penitencia que se practica en la Iglesia es un sacramento.

El día 5 de diciembre dicta la cuestión 90. La acabó. Ya falta menos para terminar su proyecto estrella. Está muy animado. El 6 de diciembre se celebra, con gran devoción en la ciudad, la fiesta de San Nicolás. Fue obispo de Myra en la época del emperador Constantino en el siglo IV. Murió mártir y, por varias circunstancias, sus restos descansan en la ciudad italiana de Bari.

La recoleta capilla a él dedicada en Santo Domingo de Nápoles está llena de gente. Tomás celebra la Misa. Le asisten fray Reginaldo y un seglar muy amigo y admirador llamado Nicolás Fricia. De pronto, algo ocurre. Se produce un extraordinario cambio. Todos lo notan, pero nadie acierta a describirlo. Celebra la Misa, sí, pero como abstraído y con un abundante derramamiento de lágrimas. No son los arrobamientos y ensimismamientos de otras veces. Aquello es diferente. No necesitan llamar su atención para que continúe con el santo sacrificio, pues en ningún momento interrumpe la marcha de la liturgia. Todos observan otra novedad. Al acabar, fray Tomás suele asistir a la Misa que celebra alguno de los hermanos detrás de él, pero esta vez no ayuda como acólito. Mientras fray Bartolomé celebra, Tomás permanece de rodillas como fuera de sí y llorando sin parar. La preocupación se apodera de fray Reginaldo y del resto de los amanuenses.

—¿Qué le ha pasado a fray Tomás?

—No tengo ni idea.

Pasado un tiempo, se dirige al archivo del *scriptorium*, donde tiene un espacio reservado para poder dictar a varios a la vez y un armario para guardar los legajos. Allá están sus fieles colaboradores organizando los pergaminos y preparándose para una nueva sesión. La forma de entrar de Tomás no es la habitual. Va hacia las mesas y empieza a recoger papeles y plumas.

—Por favor, guardad todo esto en el armario. No puedo seguir escribiendo. Después de todo lo que he visto y me ha sido revelado... todo cuanto he escrito es paja. Me parece que todo lo que he escrito es nada. He llegado al fin de mi misión. Lo que me ha sido revelado supera mis fuerzas.

Pronto tendría que iniciar el viaje hacia Lyon para participar en el Concilio, tal y como el Papa le ordenó. Todos estimaron que un descanso le iría muy bien. Tomás acepta por obediencia. Deciden que vaya al castillo de San Severino, a casa de su hermana Teodora. Pero el prior dice que primero pasen unos días en el convento de Salerno, que es un lugar muy saludable. De Nápoles a Pompeya. De Pompeya a Nocera. De Nocera a Salerno. Tomás no pronunció ni una sola palabra. Estaba tranquilo, sonriente, escucha las conversaciones de sus compañeros, pero no dice nada. Como si hubiera hecho del camino su oración. Le alegró ver el convento, lugar bello y apacible en una colina mirando al mar. El arzobispo hizo llegar un saludo de bienvenida a los viajeros. La sencilla rutina conventual ayuda. Pero el cambio operado en Tomás incluye que incluso después de maitines permanece en oración. Llevan casi una semana en el convento. Ya próxima la Navidad, sus pasos se encaminan a San Severino. Teodora les espera con gran gozo. Les acomoda en las mejores habitaciones del castillo, que es más bien un palacio. El paisaje no puede ser más bonito. Un auténtico deleite, aún en invierno.

Después de la Epifanía regresan a Nápoles. Su salud no está resentida. No tiene nada físico. Pero está raro. Celebra, como cada mañana, la Misa... cada vez con más interrupciones y lágrimas. El notario de Nápoles, Juan Coppa, acude una mañana con su hermano, fray Bonfilio, a visitar a Tomás en su amplia celda.

—Lo hemos encontrado con cierta discrasia. Pero, curiosamente, su semblante está como luminoso. No ha perdido el humor ni la simpatía. Está más callado, sin embargo.

Se le ve físicamente bien. Sigue sin escribir. Pero, por lo demás, hace vida normal. El arzobispo de Nápoles le recuerda que está llamado a participar en el II Concilio de Lyon, por expreso deseo del papa Gregorio X. Reginaldo lo comenta con el prior. La idea de ir al Concilio le da nuevos bríos mientras se hacen los preparativos del viaje.

Tomás se había despedido del rey antes de iniciar el viaje. Este le había preguntado qué diría al Santo Padre si le preguntaba por su reino, a lo que Tomás había contestado que diría la verdad. Una pequeña comitiva parte de Nápoles a finales de enero. De nuevo Reginaldo, Santiago y Tomás se ponen en camino. Avanzarán a ratos a pie, a ratos a lomos de mulo. Se ha calculado el viaje para hacerlo con calma, evitando las rutas de montaña. La primera etapa es de Nápoles a Roma con alguna escala intermedia.

Se detienen en Teano, cerca de Capua, para hacer noche. Se hospedan en un monasterio. De Teano salen acompañados un trecho del camino por el deán de la catedral, Guillermo, y su sobrino Roffredo, sacerdote. Antes de llegar a Burgonuovo, en una cuesta, entre dos ribazos alterados por las lluvias, la maleza, las raíces y la irregular inclinación de los árboles, Tomás se golpea la cabeza contra el falso puente que los troncos de la arboleda habían creado sobre el camino. Queda como aturdido. Rápidamente sus compañeros corren en su auxilio.

—¿Os habéis hecho daño?

—Un poquito, nada más.

Comprueban que sea un mero aturdimiento y le animan a comer algo. Hay unos dulces que le regaló el rey. Llegan a San Germán. Se hospedan en el convento dominico fundado en los dominios de Montecasino. El abad, su amigo Bernardo Ayglier, envía un mensajero pidiéndoles pasen por el monasterio. Además de desear acogerles personalmente, quiere consultar unas cosas con Tomás acerca de unas dudas que tienen los monjes sobre un libro de san Gregorio Magno. Tomás declina la invitación, pero decide dictar una carta al abad para que pueda contestar las dudas de sus monjes. Reinaldo alberga la esperanza de que eso signifique que se anima a volver a trabajar como antes.

De San Germán se dirigen al castillo de Maenza, propiedad de los condes de Ceccano. Son recibidos cariñosamente por Francisca, su sobrina carnal. Es el mes de febrero y la Cuaresma ya está comenzada. Tomás llega muy cansado, con poco apetito y se le nota enfermo. Llaman al médico. Juan Guido, de Piperno, lo examina cuidadosamente. Tomás dice que le gustaría comer unos arenques frescos. Todos se extrañan, pues no es época y solo se encuentran en salazón, con suerte. Así todo, Reginaldo logró que un pescadero ambulante, llamado Bordonario, se los proporcionara. El cocinero del castillo preparó un par de recetas deliciosas con los arenques. Tomás disfrutó de aquella cena en buena compañía.

Llevaban tres o cuatro días en el castillo cuando fray Pedro de Monte San Giovanni, monje de la cercana abadía cisterciense de Fossanova, acompaña al prior de dicho monasterio, Jacobo de Florentino y otros dos monjes, Juan de Pedemonte y Fidel de Tucsia. Todos ellos amigos del Aquinate. Invitan a Tomás a ir al monasterio a descansar y a que le cuidaran hasta recuperar la salud. A los ocho días, el médico Juan de Guido avisa de que la enfermedad se agrava, si bien deja dicho que no entiende qué le pasa, pero observa que el deterioro físico es progresivo.

Repasando los hechos, pareciera que el golpe en la cabeza estuviera en la raíz del problema. Pero nada indica que hubiera una causa-efecto. Sin embargo, es verdad que el rey Carlos le había hecho partícipe de un obsequio a base de dulces que solo él consumió. De hecho, el mismo día del golpe en la cabeza tomó de esos dulces y, al poco tiempo, su vientre se descompuso. Sea como fuere, Tomás es consciente de que lo que le pasa le llevará a la tumba. Si fue efecto de un envenenamiento, como muchos afirmaron inmediatamente después de su muerte, a causa del temor del rey de que la presencia de Tomás en el II Concilio de Lyon perjudicara sus intereses políticos, tanto Tomás como Reginaldo prefirieron guardar silencio para evitar violencias y desmanes. La anécdota de los arenques indica que algo de esto hay, pues Tomás había aprendido de Alberto Magno que los arenques frescos frenaban los efectos de determinadas ponzoñas. Sea como fuere, fray Tomás pide ser trasladado. Está a punto de acabar el mes de febrero.

Teobaldo de Ceccano, abad de Fossanova y varios monjes esperan al ilustre viajero. Antes de entrar, Tomás recita un versículo tomado del Salmo 132:

—Esta será para siempre mi mansión; aquí habitaré porque la he elegido.

Lo acomodan en un edificio contiguo de la abadía, muy cuidado, con buena luz, orientado al sur. Se trata de la hospedería acondicionada para que el enfermo pueda tener cuanta ayuda necesite. Cada día el abad y los demás monjes traen leña, pues hace mucho frío. Le prodigan todo tipo de atenciones.

A primeros de marzo empeora notablemente. Hace confesión general con fray Reginaldo y pide el viático. El abad de Fossanova avisa de que el día 4 se le administrará solemnemente. Muchas personas se acercan a la abadía, interesadas por la salud de Tomás. Desean orar por él y junto a él. El Señor y su Iglesia van a visitar a fray Tomás de Aquino que está a punto de iniciar el mejor de sus viajes. Muchos recuerdan sus palabras:

—Dios no nos creó en vano, sino para que alcancemos la vida eterna. La salvación consiste precisamente en alcanzar el fin para el que fuimos creados.

Está el obispo de Terracina. Un buen número de franciscanos. Algunos frailes predicadores llegados de los conventos cercanos de Anagni y de Gaeta. Un centenar de monjes cistercienses, y otros sacerdotes. Llegan a la amplia celda. Entran los frailes dominicos, el obispo, algunos franciscanos, algunos monjes y el abad. Fray Tomás se dirige a su secretario y al otro dominico que le asiste:

—Ayudadme a ponerme de rodillas ante el Señor, aquí presente.

Lo sacan del lecho con gran dificultad. El abad pregunta solemnemente, de acuerdo con el ritual:

—¿Crees que en la hostia consagrada está el verdadero Hijo de Dios, que nació de María Virgen, que fue colgado en el patíbulo de la cruz, que murió por nosotros y resucitó al tercer día?

Su respuesta fue clara:

—Creo de cierto y sé de verdad que este es el Redentor, Dios y hombre, Hijo del eterno Padre e Hijo de la Virgen-Madre, el Señor Jesucristo. Así lo creo de corazón y lo confieso con mi boca.

Antes de comulgar, dice:

—Yo te recibo, precio de la redención de mi alma; yo te recibo, viático de mi peregrinaje, por el amor de quien he estudiado, envejecido, sufrido... Te he predicado, te he enseñado. Nunca jamás he dicho nada en contra de ti, y si lo he hecho ha sido por ignorancia y no me obstino en mi error. Si he enseñado mal con relación a los sacramentos o a otra cosa, me someto al juicio de la santa Iglesia romana, en obediencia a la cual dejo ahora esta vida.

Comulga. Todos se fueron, lentamente. Tomás volvió a acostarse. Únicamente consiente en que permanezca a su lado, cómo no, su socio, amigo, hermano y confesor, fray Reginaldo. El enfermero cistercienses, fray Nicolo, permanece al otro lado de la puerta.

Es día 5 de marzo. Tomás abre los ojos. Se dirige a su fiel secretario. Le agradece todo este tiempo compartido y le ruega que no esté triste, pues dentro de poco abrirá los ojos, conocerá la Verdad y sabrá por fin qué es Dios. Le ruega que le sea administrada la Santa Unción. Al día siguiente, 6 de marzo, el abad, sin tanta comitiva como días atrás, administró la Unción de Enfermos y celebró los ritos previstos en la liturgia. Tomás los siguió todos con plena consciencia.

El 7 de marzo, mientras los monjes alaban al Señor al comienzo del día, fray Tomás de Aquino inicia el viaje hacia la luz eterna de Dios. Cuando el sol empieza a alumbrar el horizonte, el hermano Tomás de Aquino ya había nacido de nuevo, en la gloria de Dios.

Desde Colonia, fray Alberto lo supo por una moción interior. Ante su comunidad, y entre lágrimas, no dudó en anunciar lo que pronto todos sabrían:

—El hermano Tomás de Aquino, mi hijo, luz de la Iglesia, ha dejado este mundo para entrar en la bienaventuranza eterna.

La grave campana de la abadía da la noticia a toda la comarca, y más allá de ella. Tomás de Aquino no había cumplido aún los 50 años de edad sobre esta tierra.

Epílogo

Analizando lo ocurrido el 5 de marzo de 1274, tenemos una pista para pensar que la reflexión sobre los sacramentos le llevó a Tomás a una experiencia de fe de alto voltaje. El 6 de diciembre de 1273 percibió como nadie la grandeza y el alcance de la acción salvífica de Dios en los sacramentos, particularmente en la Eucaristía. Él fue el gran promotor de la Teología de la Eucaristía, tal como la conocemos. Pero aquella percepción experiencial y contemplativa le dejó noqueado. No dejó de escribir por depresión o agotamiento, sino por sentirse inmensamente pequeño ante el Misterio que contemplaba y celebraba cada día. Estoy seguro de que tras el Concilio de Lyon hubiera recuperado el ritmo de trabajo escribiendo páginas memorables. Pero ante la perspectiva de la muerte, hace una confesión de fe sumándose a la fe viva de la Iglesia, como retándola a vivir con fidelidad y agradecimiento el gran don de gracia y salvación que atesora.

El día 9 de marzo fue enterrado solemnemente en la iglesia de la abadía de Fossanova. Fray Reginaldo dio testimonio con unas palabras que salieron del corazón:

—Yo soy testigo de toda la vida externa y de la conciencia de este doctor. Conozco sus méritos, que me parecen evidentes. Finalmente, he oído su confesión general. Y lo he encontrado siempre puro como un niño de cinco años, que nunca sufrió el contagio de la carne ni consintió en ningún mal.

La noticia llega a Lyon como la onda de un estallido inesperado. El papa Gregorio X dice unas palabras certeras:

—Brilló con inteligencia y claridad, mientras investigaba con reverencia los misterios divinos y los contemplaba con ferviente fe. Amó la verdad de manera desinteresada. Su legado es la santidad de vida, caracterizada por la inquebrantable caridad de quien pone sus talentos al servicio de la Iglesia y de la salvación del género humano. Permanezcamos en la escuela del maestro Tomás. Nos mostrará a Jesucristo y hará fácil el camino hacia el reino de Dios.

Todo el mundo fue consciente de la auténtica significación de aquel hombre verdaderamente grande. El cuerpo del Aquinate fue trasladado en secreto a los pocos meses de su entierro por temor a profanaciones, dada su fama de santidad. Luego, por remordimientos del abad, fue restablecido a su primera sepultura. En el segundo traslado el cuerpo seguía incorrupto. Le seccionaron la cabeza para guardarla como reliquia y pusieron la cabeza de otro difunto que tenía cierto parecido, para disimular en caso de que reclamaran el traslado de su cuerpo a otro lugar, pues eran muchas las instituciones que lo solicitaron.

Alberto Magno fue de Colonia a París, ya muy anciano, a defender ante la Universidad y el obispo a su discípulo, amigo y hermano. Hubo quien quiso acusarlo de hereje y de poco recomendable. Finalmente, ya era 1277, nada quedó bajo sospecha o en entredicho. La Verdad de Tomás de Aquino quedó reconocida y en evidencia.

En 1289 de nuevo se abrió la tumba, pues su hermana Teodora pidió que se le entregara su mano derecha. El cuerpo seguía intacto y el olor suave a santidad se mantenía. En Salerno sigue.

Fueron muchos los testigos que declararon en el proceso de canonización. Llama la atención el altísimo número de monjes cistercienses que testifican, así como nobles, soldados, sacerdotes, seglares... por supuesto frailes predicadores... El papa Juan XXII consideraba que los escritos de Tomás eran un milagro en sí mismos y no albergó ninguna duda en emitir la bula de canonización con palabras muy elogiosas y agradecidas.

Lamentablemente, tras la canonización el 18 de julio de 1323, hirvieron el cuerpo incorrupto para convertirlo en reliquias exportables. Finalmente, tras muchos avatares, como la urdimbre de fray Elías Raimundo de Tolosa cuando fue Maestro de la Orden de Predicadores, lo que iba quedando estuvo de viaje de tumba en tumba, de ciudad en ciudad, hasta llegar a Toulouse.

Pero, igual que pasa con los demás que han sido grandes por ser auténticos y fieles a la Verdad, varones y mujeres, lo que interesa de Tomás de Aquino no es la localización de sus restos, que un día resucitarán, sino su persona y la luz y el buen olor a Cristo que de ella siguen emanando como fuente de sabiduría, de bien ser y bien hacer.

La fuerza de su magisterio superó su siglo y llega hasta el nuestro, a pesar del sectarismo iletrado modernista que pretende tachar de oscurantista la lúcida y dinámica época en que vivió Tomás. Es atrevida la ignorancia. Por cierto, una época de sinodalidad y búsqueda sincera de la verdad y de la unidad en la Iglesia.

El ministerio del doctor Angélico sigue siendo itinerante. No deja de recorrer caminos, universidades, colegios, bibliotecas, iglesias... A veces mal comprendido, otras manejado con prejuicios temerarios ajenos a su pensamiento e intención, otras demasiado reducido a estereotipos y fórmulas inamovibles. A veces, burdamente copiado o intencionadamente ignorado. A veces... Pero su nombre no es desconocido y su palabra firme no deja indiferente. Al menos con él se puede hablar de todo y de su mano es posible hallar respuestas verdaderas sin acritud ni sectarismos.

Sin duda alguna, santo Tomás de Aquino ha sido la mente que mejor ha podido profundizar y comprender la realidad, sin falsos ilusionismos de doctrinas o ideologías. A su muerte, el método usado por él se deformó en un sistema que no supo valorarlo, aunque aparentemente se apoyaba en él. No hay que conocer a Tomás por los escolásticos que de él se aprovecharon, sino ir a Tomás mismo, así lo recomienda la Iglesia y la sana razón. El Aquinate no deja a nadie indiferente. Su palabra y su vida siguen siendo una luz para la Iglesia y para los hombres y las mujeres que buscan la sabiduría desde la verdad.

Impresionada quedó, por ejemplo, Edith Stein cuando conoció a santo Tomás de Aquino y supo de su verdad, antes de convertirse en santa Teresa Benedicta de la Cruz, mártir en Auschwitz.

Tomás enseña:

—No pensar rectamente, no tomar en serio la realidad, es vivir presos del error, vivir esclavizados para siempre. El Señor lo dijo claramente: la verdad os hará libres.

El insigne profesor Gustavo Bueno, que algunos tienen como filósofo ateo, aunque no saben muy bien por qué lo dicen, pues más bien era un buscador y provocador, lo enseñaba en sus aulas:

—Tomás de Aquino es el primero entre los pensadores de occidente, de esta cultura que germinó sobre las ruinas del mundo clásico, que predicó de un modo terminante y severo la necesidad de abrirse al exterior, enseñando, cinco siglos antes de Locke, que la experiencia sensible es la única fuente de los conocimientos naturales y que el alma solo logrará asimilar las perfecciones que le son ajenas cuando, segregando toda actitud de insana autonomía, se deje penetrar por los estímulos del mundo exterior en actitud reverente y puramente especulativa. Si Tomás enseñó de nuevo, y definitivamente, a los cultivadores de la ciencia, el modo de disponernos para este recibimiento, liberando al espíritu de sí mismo mediante la reverente contemplación de las cosas que fueron creadas, deberemos, hoy más que nunca, frente al subjetivismo y el existencialismo de protestante abolengo que padecemos, levantar como bandera la enseñanza de santo Tomás, el libertador.

Se puede preguntar qué haría Tomás de Aquino si viviera hoy. Se puede responder que comentaría a Aristóteles, a Marx y a Freud y a Hegel y a Einstein y a Hawking y a Michio Kaku... Discutiría con Kant o Rahner o Gustavo Gutiérrez sin doblegarse.

Cabe preguntar: ¿Qué hacía Tomás? Alineaba las opiniones divergentes, esclarecía el sentido de cada una de estas, ponía todo en cuestión, incluso el dato de la revelación, enumeraba las objeciones posibles, intentaba la mediación final. Respondía buscando la Verdad. Todo debía ser hecho en público: entonces entraba en funciones el tribunal de la razón. Si se lee bien, se descubre que en todos los casos el dato de la fe prevalece sobre todo lo demás y orientaba la elucidación del problema, a saber: que Dios y la verdad revelada precedían y guiaban el movimiento de la razón laica. Sencillamente, Tomás le aporta a la razón humana y a la reflexión cristiana un sistema doctrinal que las pone en acuerdo con el orden natural. Y obtiene victorias fulgurantes. Los datos hablan.

El perfume de gracia, bondad, amabilidad, santidad e inteligencia de fray Tomás de Aquino sigue llegando a la vida de cuantos reparan en su existencia y se atreven a conocerle personalmente. Es un excelente compañero de camino, un auténtico amigo, sobre todo cuando se le trata con honestidad. Buscó y mostró la Verdad que tiene el Ser. El que Es y por el que todo existe porque Él Es. Y al hombre y a la mujer les dio su imagen y semejanza. Esta es la Verdad de santo Tomás de Aquino, por la que dio su vida y se dejó la piel y los huesos.

Obras y bibliografía

Obras de santo Tomás

Escribió más de cien obras entre libros, opúsculos, cartas, sermones, tratados, comentarios, liturgia, oraciones, obras pastorales... La mayoría se han conservado hasta ahora y siguen siendo actuales. Algunas se han perdido. Otras que se decía que eran de él no lo son y otras han sido recuperadas del olvido. Aún sigue su trabajo la Comisión Leonina, un grupo de investigación propiciada por León XIII para estudiar la auténtica obra del Aquinate y su divulgación. Algunas de estas obras son verdaderas enciclopedias, las dos más emblemáticas son, evidentemente, la *Suma contra gentiles* y la *Suma Teológica*. Ofrecemos una selección de las más conocidas y que están disponibles en diferentes plataformas: libro escrito o digital[1].

[1] https://tomasdeaquino.org/. Para mayor información, puede consultarse esta web especializada.

1) Período 1252-1259:

- *De ente et essentia*. Sobre el ente y la esencia. Escrito en Colonia siendo bachiller de san Alberto Magno. Una obra filosófica sobre el ser.
- *De principiis naturae*. Sobre los principios de la naturaleza. También escrito en Colonia. Consideraciones sobre la naturaleza basadas en los libros I y II de la *Física* de Aristóteles.
- *De Veritate*. Cuestión disputada sobre la verdad.
- *Suma contra gentiles*. Comenzada en París.

2) Período 1259-1268:

- *De Potentia*. Cuestión disputada sobre la potencia. Comenzada en Roma.
- *Catena Aurea*. Comentario a los cuatro evangelios.
- *De Malo*. Cuestiones disputadas sobre el mal.
- Comienza la *Suma Teológica*. Obra enciclopédica, verdaderamente monumental, destinada a los estudiantes de Teología. Constará de tres partes.
- *De Spiritualibus creaturis*. Sobre las criaturas espirituales.
- *Sententia super De Anima*. Comentario al *De Anima* de Aristóteles.
- *De regimine principum*. Sobre política.

3) Período 1269-1272:

- *Sententia libri Politicorum.* Comentario a la *Política* de Aristóteles.
- *Sententia super Metaphysicam.* Comentario a la *Metafísica* de Aristóteles.
- *Sententia super Meteora.* Comentario a los *Meteoros* de Aristóteles.
- *Compendium theologiae.* Compendio de teología.
- *De unitate intellectus contra Averroistas.* Sobre la unidad del intelecto contra los averroístas.
- *Quodlibet* 3, 4, 5, 6 y 12.
- *Sententia super Physicam.* Comentario a la *Física* de Aristóteles.
- *Sententia libri Ethicorum.* Comentario a la *Ética Nicomáquea* de Aristóteles.
- *De aeternitate mundi contra murmurantes.* Sobre la eternidad del mundo.
- *Epistola ad comitissam Flandriae (de regimine judaeorum).* Sobre cómo los príncipes cristianos deben tratar a los judíos.
- *De substantiis separatis (o De angelis).* Acerca de las sustancias separadas, o acerca de los ángeles.

4) Período 1272-1274:

- Santo Tomás escribe la parte restante de la tercera parte de la *Suma Teológica*. No la concluyó.

- *Sententia de caelo et mundo*. Comentario al *De Caelo et Mundo* de Aristóteles.
- *Sententia super libros De generatione et corruptione*. Comentario al *De generatione et corruptione* de Aristóteles.

Bibliografía sobre santo Tomás

Imposible enumerar todo lo que se ha escrito sobre santo Tomás de Aquino incluso en los últimos años. Solo referimos seis obras importantes en español y fácilmente disponibles.

CHESTERTON G. K., *Santo Tomás de Aquino*, Rialp, Madrid 2022[3].

EGIDIO SERRANO J., *Tomás de Aquino a la luz de su tiempo: una biografía*, Encuentro, Madrid 2006.

FORMENT E., *Santo Tomás de Aquino: su vida, su obra, su época*, BAC, Madrid 2009.

LLAMEDO GONZÁLEZ J. J., *La Verdad de santo Tomás de Aquino*, San Pablo, Madrid 2024.

PIEPER J., *Introducción a Tomás de Aquino*, Rialp, Madrid 2021.

SPIAZZI R., *Santo Tomás de Aquino: Biografía documentada de un hombre bueno, inteligente, verdaderamente grande*, Edibesa, Madrid 2004.

Índice